Thomas Kalkus-Promitzer

Heilsame Sprache
Worte, die wirken

Psychosoziale Impulse, Band 11

Impressum

© 2025 Thomas Kalkus-Promitzer

Covergestaltung und Illustrationen:
DI Konrad Promitzer - kpdesign.at

Bibliografische Information der Deutschen Nationalbibliothek: Die Deutsche Nationalbibliothek verzeichnet diese Pub-
likation in der Deutschen Nationalbibliografie; detaillierte
bibliografische Daten sind im Internet über
http://dnb.dnb.de abrufbar.

Die automatisierte Analyse des Werkes, um daraus Informationen insbesondere über Muster, Trends und Korrelationen
gemäß §44b UrhG („Text und Data Mining") zu gewinnen, ist
untersagt.

Verlag: BoD · Books on Demand GmbH, Überseering 33,
22297 Hamburg, bod@bod.de

Druck: Libri Plureos GmbH, Friedensallee 273,
22763 Hamburg

ISBN: 978-3-7693-6732-4

Inhaltsverzeichnis

Die Macht der Sprache im Wandel

Sprache ist viel mehr als ein Mittel zur Verständigung. Sie ist Ausdruck unserer innersten Gedanken, Spiegel unserer Emotionen und zugleich Brücke zwischen unserem Inneren und der Welt. Worte formen unser Denken, sie beeinflussen unsere Wahrnehmung und sie wirken in Beziehungen wie unsichtbare Fäden, die verbinden oder trennen können. Wer spricht, gestaltet Wirklichkeit. Und wer zuhört, nimmt diese Wirklichkeit in sich auf. Die Art, wie wir sprechen, entscheidet oft darüber, ob ein Mensch sich gesehen, verstanden und bestärkt fühlt oder ob er sich verletzt, übergangen oder allein gelassen erlebt.

In einer Zeit des gesellschaftlichen Wandels, in der Unsicherheit, Schnelllebigkeit und soziale Spannungen zunehmen, gewinnt die bewusste Auseinandersetzung mit Sprache an Bedeutung. Worte sind nicht neutral. Sie können aufbauen oder zerstören, ermutigen oder entmutigen, öffnen oder verschließen. Jede Aussage, jede Frage, jedes gesprochene Wort trägt eine Energie in sich, die weiterwirkt. Diese Wirkung ist nicht immer sofort sichtbar, doch sie hinterlässt Spuren: in der Psyche, im Körper und im zwischenmenschlichen Miteinander.

Beratende, begleitende und bildende Berufe tragen eine besondere Verantwortung für ihre Sprache. Denn gerade in Momenten der Verletzlichkeit, der Krisen oder der Orientierungssuche suchen Menschen nach Worten, die Halt geben, Orientierung schaffen und inneres Wachstum ermöglichen. In solchen Situationen kann Sprache zum heilsamen Medium werden: zur Quelle von

Resonanz, zur Kraftquelle für Entwicklung und zur Einladung in einen Raum, in dem Veränderung möglich wird.

Die Wirkung von Sprache lässt sich nicht vollständig kontrollieren, aber sie lässt sich bewusst gestalten. Das beginnt bei der inneren Haltung, mit der wir sprechen, und setzt sich fort in der Wahl unserer Worte, in der Art des Zuhörens und im Mut zur Stille. Sprache wirkt immer in einem Beziehungsraum. Sie ist niemals losgelöst vom Kontext, in dem sie entsteht, und auch nicht unabhängig von der Person, die sie spricht oder hört. Das bedeutet: Unsere Sprache ist ein Ausdruck dessen, wie wir die Welt sehen, und zugleich ein Werkzeug, um diese Welt zu verändern.

In der psychosozialen Beratung, im Coaching, in der Supervision, in pädagogischen und therapeutischen Settings wird Sprache zum wichtigsten Werkzeug. Sie schafft Kontakt, gibt Struktur, öffnet Denk- und Fühlräume. Doch nicht jede Sprache ist heilsam. Nicht jedes gut gemeinte Wort kommt als Hilfe an. Zwischen Sender:in und Empfänger:in liegt ein Feld voller Möglichkeiten und auch voller Missverständnisse. Heilsame Sprache ist keine Technik, sondern eine Haltung. Sie erfordert Präsenz, Einfühlungsvermögen und ein Bewusstsein für die Wirkung des Gesagten.

Viele Menschen erinnern sich ihr Leben lang an einen Satz, der ihnen in einem entscheidenden Moment gesagt wurde. Ein einziger Satz kann eine Wende einleiten. Ein liebevoll gesprochenes Wort kann wie Balsam wirken. Eine mitfühlende Frage kann einen inneren Prozess in Gang setzen, der lange nachwirkt. Es geht in der heilsamen Sprache nicht um spektakuläre Reden, sondern um authentische, zugewandte Kommunikation. Oft sind es gerade die einfachen Worte, die am tiefsten treffen.

Unsere Kultur ist reich an Sprache, doch arm an wirklich heilsamer Kommunikation. In einer Zeit, in der Schlagworte, Bewertungen und digitale Schnellkommunikation den Alltag prägen, wird die Fähigkeit zur achtsamen, mitfühlenden und reflektierten Sprache zur wertvollen Ressource. Wer in sich selbst lauscht, wer Stille aushält und Worte mit Sorgfalt wählt, trägt zum Frieden in Beziehungen und zum inneren Wachstum von Menschen bei.

Dieses Buch ist eine Einladung, die eigene Sprache neu zu entdecken. Es richtet sich an alle, die mit Menschen arbeiten, die begleiten, beraten, lehren oder führen. Es möchte Mut machen, sich auf den Weg zu machen, hin zu einer Sprache, die verbindet statt trennt, die öffnet statt verschließt und die stärkt statt schwächt. Dabei verbindet es psychologisches Wissen mit praktischen Impulsen, Erfahrungen mit innerer Reflexion.

Die heilsame Sprache entsteht dort, wo der Mensch als Ganzes gesehen wird. Wo Worte nicht nur den Verstand erreichen, sondern das Herz berühren. Wo Sprechen und Zuhören sich als Tanz verstehen, in dem beide Seiten Resonanz erleben dürfen. Sie entsteht in der Verbindung mit sich selbst und mit dem Gegenüber, im Spüren, im Verstehen, im Mitfühlen. Sie ist ein Geschenk und zugleich eine Haltung, die gepflegt, vertieft und gelebt werden will.

Wenn wir Sprache als schöpferisches Werkzeug begreifen, beginnt eine neue Dimension der Kommunikation. Dann wird jedes Gespräch zur Gelegenheit, Heilung zu ermöglichen, Orientierung zu geben und menschliche Verbundenheit zu stärken. Dieses Buch möchte dabei begleiten. Es lädt ein, innezuhalten, zuzuhören, zu forschen und zu üben. Denn Worte wirken und wer sie achtsam wählt, kann Welten verändern.

Zwischen Alltagsrede, Beratungssprache und Seelensprache

Sprache begleitet uns von früh bis spät. Sie begegnet uns in Gesprächen, in Gedanken, in geschriebenen Worten, in Nachrichten, in Floskeln, in Witzen und in ernsten Bekenntnissen. Doch Sprache ist nicht gleich Sprache. Es gibt Unterschiede, die weit über das Vokabular hinausgehen. Diese Unterschiede betreffen die Tiefe, die Absicht, die Beziehung, die Atmosphäre. Wer achtsam hinhört, bemerkt schnell: Eine Alltagsrede klingt anders als die Sprache in einem Beratungsgespräch. Und manchmal taucht eine ganz andere, tiefere Ebene auf, die Seelensprache.

Die Alltagsrede ist geprägt von Zweckmäßigkeit. Wir sagen, was zu tun ist, fragen nach dem Weg, erzählen von Ereignissen, reagieren spontan, scherzen, klagen, kommentieren. Oft verwenden wir dabei standardisierte Phrasen, automatische Formulierungen, gewohnte Redemuster. Die Sprache des Alltags hat ihren Sinn: Sie ermöglicht ein schnelles, unkompliziertes Miteinander. Doch gerade in ihrer Routine liegt auch eine Gefahr: Sie kann abstumpfen, distanzieren und verschleiern. Vieles bleibt an der Oberfläche, wird nicht wirklich gesagt oder nicht wirklich gehört. Die Alltagsrede ist selten ein Raum, in dem sich innere Wahrheiten zeigen. Sie ist funktional, nicht unbedingt verbindend. Und doch birgt sie das Potenzial, durch achtsame Wendungen und liebevolle Gesten tiefer zu wirken, als man zunächst vermuten würde.

Wenn wir uns erlauben, auch im Alltag mit mehr Bewusstheit zu sprechen, verändert sich der Klang unserer Worte. Ein liebevoll ausgesprochenes „Guten Morgen", ein echtes „Danke" oder ein aufrichtiges „Wie geht es dir?" können mehr bewirken als lange Gespräche. Es ist nicht nur die Wortwahl, sondern die Intention, die mitschwingt. Achtsamkeit beginnt oft in den kleinen, unscheinbaren Momenten. Dort, wo wir statt einer Floskel eine echte Verbindung anbieten, entsteht schon im Alltag ein Hauch von Seelensprache.

In der Beratung jedoch wird Sprache bewusst gewählt. Sie ist kein Nebenprodukt der Situation, sondern zentrales Werkzeug. Sie soll etwas ermöglichen: Verstehen, Klärung, Resonanz, Veränderung. Die Beratungssprache verlangt mehr Achtsamkeit, mehr Präsenz, mehr Verantwortung. Es ist ein Sprechen, das nicht nur meint, sondern auch wirkt. Jede Frage, jede Spiegelung, jede Interpretation ist ein Angebot, das etwas in Bewegung setzen kann. In der Beratung geht es nicht darum, möglichst viel zu reden, sondern darum, gezielt und einfühlsam Räume zu öffnen, in denen sich neue Perspektiven entfalten können.

Beratungssprache kann strukturieren, ordnen und Halt geben. Sie kann aber auch öffnen, weiten und ins Unbekannte führen. Ein:e erfahrene:r Berater:in weiß, wann es darum geht, den Rahmen zu halten, und wann es notwendig ist, diesen zu weiten. Sprache ist dabei nicht nur Mittel zum Zweck, sondern auch Spiegel der inneren Haltung. Wer kontrollierend spricht, wird Kontrolle auslösen. Wer vertrauend spricht, wird Vertrauen ermöglichen. So entsteht durch die Sprache ein Resonanzraum, in dem Veränderung wachsen kann.

Die Beratungssprache ist geprägt von einer Haltung der Offenheit, des Nichtwissens, der Zugewandtheit. Sie ist oft langsam, klar, transparent. Sie fragt nach dem Erleben, nicht nur nach Fakten. Sie zielt auf das, was nicht sofort sichtbar ist. Sie hört zwischen den Zeilen, erkennt Muster, würdigt Ambivalenzen. Diese Form der Sprache schafft Vertrauen, sie lädt dazu ein, sich zu zeigen. Wer in einem Gespräch erlebt, dass das Gesagte wirklich ankommt, dass Worte Gewicht haben, dass Zuhören mehr ist als warten, bis man selbst wieder reden darf, erfährt eine besondere Qualität der Kommunikation. Diese Qualität kann heilsam sein.

Und dann gibt es Momente, in denen Worte über sich hinauswachsen. In denen sie nicht nur etwas beschreiben, sondern etwas berühren. Diese Momente gehören zur Seelensprache. Es ist jene Sprache, die aus der Tiefe kommt und in die Tiefe geht. Sie ist nicht immer logisch, nicht immer grammatikalisch perfekt, aber sie ist wahrhaftig. Seelensprache entsteht, wenn ein Mensch sich zeigt, nicht nur mit dem, was er denkt, sondern mit dem, was er fühlt, glaubt, hofft oder fürchtet. Sie ist leise, oft poetisch, manchmal zart, manchmal kraftvoll. In ihr klingt das, was sonst keinen Ausdruck findet.

Seelensprache kann nicht gelehrt werden wie Grammatik. Sie entspringt der inneren Verbundenheit, der Bereitschaft zur Wahrhaftigkeit, dem Mut, sich zu zeigen. Oft offenbart sie sich in Momenten großer Nähe, in Übergängen, in Abschieden, in Gebeten oder in künstlerischem Ausdruck. Sie zeigt sich in einem Satz, der lange nachhallt. In einem Blick, der mehr sagt als Worte. In einem Schweigen, das alles enthält. Wer in Beratung, Coaching oder Pädagogik arbeitet, tut gut daran, diese Form der Sprache nicht zu scheuen. Denn dort, wo Worte die Seele berühren, beginnt Wandlung.

Für beratende Menschen bedeutet das: Es genügt nicht, die richtigen Techniken zu beherrschen. Es braucht die Fähigkeit, Räume für Seelensprache zu öffnen. Das beginnt mit dem eigenen Sprechen. Wer sich traut, aus der Tiefe zu sprechen, gibt anderen die Erlaubnis, das auch zu tun. Wer Worte wählt, die berühren, weckt Resonanz. Wer mit dem Herzen zuhört, hört mehr als die Sätze. Und wer schweigen kann, schenkt einen Raum, in dem das Unsagbare auftauchen darf.

Zwischen Alltagsrede, Beratungssprache und Seelensprache gibt es fließende Übergänge. Keine dieser Formen ist per se besser oder schlechter. Sie erfüllen unterschiedliche Funktionen. Doch in der Begleitung von Menschen lohnt es sich, sich der Unterschiede bewusst zu sein. Auch der Blick auf den eigenen Sprachgebrauch ist lohnend. Ebenso hilfreich ist die wiederkehrende Frage: Diene ich mit meinen Worten der Verbindung? Oder trenne ich? Ermutige ich? Oder schließe ich aus? Gebe ich Halt? Oder verstärke ich Unsicherheit?

Heilsame Sprache zeigt sich oft nicht in spektakulären Formulierungen, sondern in der Echtheit und Wärme, mit der gesprochen wird. Sie lebt vom Mut zur Langsamkeit, vom Vertrauen in das Unsichtbare und von der Fähigkeit, den anderen wirklich zu meinen. Zwischen

Alltagsfloskeln und Seelensprache liegt ein Raum voller Möglichkeiten, ein Raum, in dem Beratung zur Begegnung wird und Sprache zur Brücke zwischen Seele und Welt. Wer diesen Raum betritt, betritt ein Feld, in dem echte Verbindung möglich wird. Dort entstehen jene Begegnungen, die nicht nur verändern, sondern heilen können.

Sprachräume für Wachstum und Heilung

Sprache ist viel mehr als ein Mittel, um Gedanken zu transportieren. Sie ist ein Ort, ein innerer Raum, der sich öffnet, sobald Worte gesprochen oder gehört werden. Diese Räume haben eine Qualität, die weit über das Gesagte hinausgeht. Sie entstehen in der Atmosphäre, in der Energie zwischen Menschen, in der Intention hinter dem Wort. Jeder sprachliche Ausdruck erschafft einen Raum, der einlädt oder ausschließt, der inspiriert oder lähmt, der heilt oder verletzt. Wenn wir Sprache als solchen Raum begreifen, beginnen wir, sie bewusster zu gestalten.

Ein Sprachraum für Wachstum ist ein Raum der Möglichkeit. Er stellt keine Diagnose, sondern öffnet Perspektiven. Er fragt nicht: „Was ist falsch?", sondern: „Was könnte wachsen?". In einem solchen Raum wird nicht bewertet, sondern verstanden. Hier dürfen Widersprüche existieren, Unsicherheiten ausgesprochen werden, Träume gedacht und Ängste benannt werden. Der Mensch, der spricht, wird nicht auf seine Worte reduziert, sondern in seiner Ganzheit gesehen. Die Person, die zuhört, begegnet dem Gesagten mit Offenheit, ohne voreilige Deutung und ohne den Impuls, sofort Lösungen anzubieten.

Heilende Sprachräume entstehen dort, wo Sicherheit und Vertrauen wachsen dürfen. Sie zeichnen sich durch ein feines Gleichgewicht zwischen Struktur und Freiheit aus. Es gibt eine klare, achtsame Führung im Gespräch, und zugleich genug Weite, damit sich neue Gedanken, Gefühle und Erfahrungen entfalten können. Diese

Räume sind oft stiller als andere. Die Worte darin sind getragen von einem inneren Lauschen, nicht nur auf das, was gesagt wird, sondern auch auf das, was sich zwischen den Worten zeigt. Der Sprachraum wird zum Resonanzfeld.

In der psychosozialen Praxis bedeutet das: Jedes Gespräch kann ein solcher Raum sein. Nicht durch technische Perfektion, sondern durch eine innere Haltung der Achtung. Wer in ein Gespräch tritt mit der Bereitschaft, den anderen in seiner Tiefe wahrzunehmen, wer Worte wählt, die nicht nur verständlich, sondern auch mitfühlend sind, erschafft einen Rahmen, in dem Wandel möglich wird. Sprachräume für Heilung sind keine Orte der schnellen Lösungen, sondern der ehrlichen Begegnung. Sie schenken Raum zum Atmen, Raum zum Spüren, Raum zum Sein.

Wachstum braucht Zeit und Vertrauen. Sprache kann diesen Wachstumsprozess begleiten, nähren, inspirieren. In einem sprachlichen Klima der Wertschätzung beginnen Menschen, sich zu öffnen. Sie beginnen, ihre inneren Bilder zu teilen und sich in ihren Möglichkeiten zu entdecken. Worte, die mit liebevoller Absicht gesprochen werden, können wie Lichtstrahlen sein, die dunkle Winkel des Inneren erhellen. Sie zeigen: Du darfst dich zeigen. Du wirst gesehen. Du bist willkommen, so wie du bist.

Heilende Sprachräume sind nicht immer bequem. Sie konfrontieren auch, mit Wahrheit, mit Verletzlichkeit, mit der eigenen Geschichte. Doch gerade diese Konfrontation kann zum Ausgangspunkt von Entwicklung werden. Wenn sie behutsam geschieht, in einem Klima des Respekts, kann sie helfen, alte Muster zu erkennen und neue Wege zu eröffnen. Sprache wird dabei zum Kompass, zur Begleiterin, zur Wegweiserin und manchmal auch zum Trost.

Diese Räume können auch jenseits des gesprochenen Wortes existieren. In schriftlicher Kommunikation, in symbolischen Handlungen, in künstlerischem Ausdruck, überall dort, wo Sprache Ausdruck des Innersten wird, kann ein heilender Raum entstehen. Auch in der Stille liegt ein sprachlicher Raum. Wenn Worte bewusst vermieden werden, wenn Schweigen erlaubt ist und nicht mit peinlicher Leere verwechselt wird, entfaltet sich ein Raum, in dem etwas Größeres sprechen darf. Das Schweigen kann in solchen Momenten ebenso kraftvoll sein wie das Wort.

Heilsame Sprachräume können ebenso durch Rituale unterstützt werden. Rituale sind wiederkehrende Handlungen mit symbolischem Gehalt. Wenn sie mit klarer sprachlicher Begleitung verbunden werden, schaffen sie Orientierung, Halt und Verbundenheit. Ein einfaches Begrüßungsritual in einer Gruppe, ein gemeinsamer Einstiegssatz, eine abschließende Dankrunde, all das kann den Raum strukturieren und gleichzeitig emotionale Sicherheit schaffen. Worte, die wiederkehren, wirken wie Anker. Sie erinnern daran, dass wir Teil eines größeren Ganzen sind. Sie geben Form und Rahmen, ohne starr zu sein.

Auch der Klang von Sprache spielt eine Rolle. Der Tonfall, die Melodie, die Lautstärke, das Tempo, all das trägt zur

Atmosphäre bei. Ein beruhigender Ton kann Vertrauen schaffen. Eine zu schnelle Sprache kann Stress erzeugen. Wer Räume für Wachstum und Heilung gestalten möchte, sollte sich daher nicht nur auf die Wortwahl konzentrieren, sondern auch auf die klangliche Qualität der Sprache. In der Musiktherapie ist diese Erkenntnis längst etabliert. Doch auch im Gespräch hat die stimmliche Präsenz eine starke Wirkung.

In Gruppen entsteht ein gemeinsamer Sprachraum durch das Zusammenspiel vieler Stimmen. Hier wird Sprache zur kollektiven Bewegung. Die Worte der einen inspirieren die Gedanken der anderen. In einem sicheren Gruppenraum können sich Menschen gegenseitig in ihren Formulierungen spiegeln, ermutigen und erweitern. Heilsame Sprachräume sind in diesem Sinne nicht nur individuell, sondern auch sozial. Sie entstehen dort, wo Menschen einander zuhören, ohne zu urteilen. Wo Resonanz entsteht. Wo das Gemeinsame mehr zählt als das Trennende.

Die bewusste Gestaltung solcher Sprachräume erfordert Mut zur Langsamkeit. In einer Zeit, in der Effizienz, Schnelligkeit und Ergebnisorientierung dominieren, ist es ein stiller Akt der Rebellion, sich Zeit zu nehmen für das Wort, für das Lauschen, für die Beziehung. Es ist eine Entscheidung für Tiefe statt Oberfläche, für Verbindung statt Austausch. Diese Haltung verändert nicht nur die Sprache selbst, sondern auch die Menschen, die in ihr sprechen und gehört werden.

Wer mit Worten Räume für Heilung schaffen möchte, darf sich selbst als Teil dieser Räume verstehen. Die eigene Sprache wird dann zum Ausdruck der eigenen Entwicklung. Sie ist nicht nur Werkzeug, sondern auch Spiegel. So wie sich ein Mensch entfaltet, entfaltet sich auch seine Fähigkeit zu sprechen, zu verstehen, zu begleiten. Sprachräume für Wachstum und Heilung entstehen nicht aus Methoden, sondern aus innerer Haltung, aus gelebtem Mitgefühl und aus dem tiefen Wissen darum, dass jedes Wort Wirkung hat.

Diese Sprachräume laden nicht nur zur Reflexion ein, sie fördern auch die Beziehung zu uns selbst. Indem wir achtsamer mit unserer Sprache umgehen, beginnen wir, unser inneres Selbst deutlicher zu spüren. Es entsteht ein Raum, in dem Selbstmitgefühl wachsen kann, ein Ort, an dem auch unser inneres Kind willkommen ist, mit seinen Verletzungen, seinen Hoffnungen und seinem Wunsch, gehört zu werden. Sprache wird so zur Brücke in unsere Vergangenheit, aber auch zu einer Tür in unsere mögliche Zukunft. In diesem Raum liegt die Einladung, uns selbst neu zu begegnen und Heilung nicht nur im Außen, sondern auch im eigenen Inneren zu erfahren.

Sprache als Beziehungsgeschehen

Wie nahe wir einander kommen, hängt oft nicht von der körperlichen Distanz ab, sondern von der Art, wie wir miteinander sprechen. Sprache ist mehr als Worte. Sie ist ein lebendiger Ausdruck von Beziehung. Jedes gesprochene Wort formt nicht nur einen Satz, sondern auch eine Verbindung. Ob zwischen zwei Menschen, innerhalb einer Gruppe oder im inneren Dialog mit uns selbst, Sprache erschafft Beziehungsqualität. Sie kann Nähe erzeugen oder Distanz, Vertrauen wecken oder Misstrauen verstärken, öffnen oder verschließen. In dem Moment, in dem wir sprechen, treten wir in Beziehung. Und mit jedem Wort, das wir wählen, gestalten wir diese Beziehung aktiv mit.

In der Tiefe unseres Menschseins sind wir Beziehungswesen. Wir sehnen uns nach Verbindung, nach Gesehenwerden, nach einem Gegenüber, das uns wahrnimmt und bei dem wir mit all unseren Facetten ankommen dürfen. Sprache ist eines unserer wichtigsten Mittel, um diese Verbindung herzustellen. Sie ist der Kanal, über den wir inneres Erleben nach außen tragen, Bedürfnisse mitteilen, unsere Geschichte erzählen und die Welt gemeinsam gestalten. Wenn wir sprechen, senden wir nicht nur Informationen, sondern auch emotionale Signale. Unsere Stimme, unsere Wortwahl, unsere Satzmelodie und selbst die Pausen dazwischen vermitteln Botschaften über unsere Haltung, unsere Absichten und unsere inneren Bewegungen. Sprache ist nie neutral. Sie ist immer Ausdruck eines inneren Zustands und formt gleichzeitig das, was wir im Gegenüber anstoßen. Sie ist nicht nur Spiegel, sondern auch Einladung. Nicht nur Ausdruck, sondern auch Gestaltungskraft. In der Art, wie wir sprechen, zeigt sich nicht nur, wer wir sind, sondern auch, wie wir in Beziehung treten wollen.

Besonders in beratenden und begleitenden Berufen ist es entscheidend, sich dieser Wirkung bewusst zu sein. Denn Sprache ist nicht nur Werkzeug, sondern auch Beziehungsangebot. Ein einfacher Satz wie „Ich verstehe dich" kann je nach Tonfall, Blickkontakt, Atemrhythmus und Kontext trösten, provozieren oder völlig bedeutungslos erscheinen. Es macht einen Unterschied, ob diese Worte aus einem innerlich zugewandten Raum kommen oder nur aus einer beruflichen Rolle heraus gesprochen werden. Es ist nicht nur das, was gesagt wird, das zählt, sondern auch das Wie, das Wann und das Warum. Wer sich selbst und die Wirkung seiner Sprache gut kennt, kann bewusster gestalten, wie Beziehung erlebt wird. Wer hingegen unbewusst oder automatisiert spricht, riskiert, an den Menschen vorbeizureden, und das Vertrauen, das so mühsam aufgebaut wurde, ungewollt zu gefährden. Umso wichtiger ist es, regelmäßig innezuhalten und sich zu fragen: Dient meine Sprache der Verbindung oder der Abgrenzung? Spiegelt sie meine Haltung oder nur eine professionelle Fassade? In diesen feinen Unterschieden zeigt sich, wie tief Sprache als Beziehungsgeschehen verstanden und gelebt wird.

Beziehung entsteht nicht allein durch gemeinsame Zeit, sondern durch Resonanz. Resonanz geschieht dort, wo sich Menschen innerlich berühren, wo ein echtes Mitschwingen stattfindet. Sprache ist dabei das Medium, das diese Resonanz ermöglicht oder verhindert. Wenn ich Worte wähle, die das Innere meines Gegenübers erreichen, öffnet sich ein Raum der Begegnung. Wenn ich hingegen Worte nutze, die über den Kopf hinweggehen, verschließt sich dieser Raum. Beziehung wird dann flach, funktional oder gar abweisend.

Deshalb lohnt es sich, Sprache als Beziehungspflege zu verstehen. Jedes Gespräch, jeder Satz, jede Rückmeldung ist eine Gelegenheit, Beziehung zu gestalten. In einem guten Gespräch geht es nicht darum, wer recht hat, sondern ob sich ein gemeinsames Verstehen entfalten kann. Es geht nicht darum, möglichst viele Informationen zu transportieren, sondern darum, ob die Worte berühren, klären, verbinden. Beziehung braucht Präsenz. Und Präsenz zeigt sich in einer Sprache, die aufmerksam, einfühlsam und echt ist.

Auch die Fähigkeit zuzuhören ist Teil dieses sprachlichen Beziehungsgeschehens. Zuhören ist nicht passiv, sondern eine aktive, liebevolle Form der Aufmerksamkeit. Es bedeutet, mit allen Sinnen präsent zu sein, mit offenem Herzen und einem wachen Geist. Wer wirklich zuhört, empfängt nicht nur Worte, sondern das, was sie transportieren: Gefühle, Wünsche, Ängste, Hoffnungen, Sehnsüchte. Zuhören heißt: Ich lasse mich auf dich ein. Ich bin bereit, mein eigenes Denken für einen Moment zurückzustellen, um dich wirklich zu hören, so wie du gemeint bist. Es bedeutet, zwischen den Worten zu lauschen, auf die feinen Nuancen, auf das Zögern, das Seufzen, das Nicht-Gesagte. Wirkliches Zuhören schenkt dem Gegenüber das Gefühl, gemeint und gesehen zu sein. In dieser Haltung entsteht Beziehung, getragen von Sprache, genährt durch Stille, vertieft durch echtes Interesse und gelebte Empathie. Zuhören ist nicht weniger wirksam als Sprechen, oft ist es sogar heilsamer. Denn dort, wo ein Mensch erlebt, dass er mit allem, was er ist, gehört wird, beginnt Verbindung zu wachsen. Und aus Verbindung entsteht Vertrauen. Vertrauen wiederum ist der Boden, auf dem Entwicklung, Wandel und inneres Wachstum gedeihen können.

In jedem sprachlichen Kontakt liegt somit die Chance, Beziehung heilsam zu gestalten. Sprache kann eine Brücke sein, über die Verständnis, Annahme und Vertrauen wachsen. Doch sie kann ebenso zur Mauer werden, wenn sie verurteilt, abwertet oder distanziert. Die Wahl liegt bei uns. Es sind nicht die perfekten Worte, die zählen, sondern die echten. Worte, die aus einem wohlwollenden Herzen kommen, schaffen Nähe. Worte, die aus dem Wunsch nach Kontrolle oder Überlegenheit entstehen, erzeugen Trennung.

Sprache als Beziehungsgeschehen ernst zu nehmen heißt auch, Verantwortung zu übernehmen. Für das, was wir sagen, und für das, was wir auslassen. Für die Wirkung, die unsere Worte entfalten. Für die Räume, die wir öffnen oder verschließen. In diesem Bewusstsein wird jedes Gespräch zur Gelegenheit, Beziehung zu gestalten. Nicht nur in der Beratung, sondern im Alltag, in der Familie, in der Partnerschaft, im Kollegium. Überall dort, wo Menschen einander begegnen, entsteht Beziehung. Und überall dort, wo Sprache fließt, fließt auch Beziehung.

Wer die Sprache als Beziehungsfeld erkennt, beginnt bewusster zu sprechen. Es entsteht eine Haltung des inneren Lauschens, ein Spüren für das, was zwischen den

Worten mitschwingt. Eine wache Achtsamkeit durchdringt das Gesagte ebenso wie das Ungesagte. In der bewussten Gestaltung von Sprache liegt das Potenzial, Beziehung zu vertiefen, Verletzlichkeit zu würdigen und Vertrauen wachsen zu lassen. So wird Sprache zur Kunst. Es ist eine leise, unspektakuläre Kunst, die in der Tiefe wirkt. Eine Kunst, Verbindung zu schaffen, wo zuvor Distanz war. Eine Kunst, die mehr durch Echtheit als durch rhetorisches Können berührt. Sie entfaltet sich in einem Tonfall, in einer Geste, in einem Wort zur rechten Zeit. Eine Kunst, die nicht laut sein muss, sondern still. Nicht perfekt, sondern menschlich. Nicht auf Wirkung ausgerichtet, sondern auf Wahrhaftigkeit. Eine Kunst, die Heilung ermöglicht, weil sie Beziehung ermöglicht. Und Beziehung ist das, was uns Menschen trägt, in jedem Gespräch, in jedem Blick, in jedem Moment des aufrichtigen Austauschs.

Die innere Haltung als Basis wirkungsvoller Sprache

Bevor ein Wort ausgesprochen wird, entsteht es in unserem Inneren. Es bildet sich aus Gedanken, Gefühlen, Erinnerungen, Erwartungen und Bedürfnissen. Sprache ist somit keine spontane Äußerung ohne Ursprung, sondern Ausdruck eines inneren Erlebens. Bevor wir jemanden ansprechen, nehmen wir eine Haltung ein, bewusst oder unbewusst. Diese Haltung entsteht aus unserem Selbstbild, aus unseren Erfahrungen, aus unserem Menschenbild und aus der gegenwärtigen Beziehung zum Gegenüber. Sie durchdringt die Worte, bevor sie überhaupt hörbar werden.

Diese innere Haltung prägt, wie wir kommunizieren. Sie entscheidet darüber, ob unsere Worte berühren oder leer klingen, ob sie verbinden oder abgrenzen, ob sie Räume öffnen oder verschließen. Wenn wir zum Beispiel in einem Gespräch innerlich angespannt oder abwehrend sind, werden unsere Worte selbst bei freundlicher Wortwahl dennoch eine Spur von Distanz oder Kontrolle transportieren. Wenn wir jedoch aus einem inneren Raum der Offenheit, des Mitgefühls oder der Verbundenheit sprechen, klingen selbst einfache Worte wie „Ich höre dich" oder „Erzähl mir mehr" wie eine Einladung, sich sicher zu zeigen.

Wirkungsvoll wird Sprache dort, wo sie von innen getragen ist. Das bedeutet nicht, dass sie immer perfekt oder wohlformuliert sein muss. Im Gegenteil: Oft sind es gerade die schlichten, ungekünstelten Sätze, die in Erinnerung bleiben. Es ist nicht allein das gesprochene Wort, das zählt, sondern die Energie, die es begleitet. Diese Energie ist spürbar, durch den Tonfall, den Blick, die Pausen, das Mitschwingen von Präsenz. Sprache wird dann zu mehr als Kommunikation. Sie wird zu Beziehung, zu Begegnung, zu einem Resonanzfeld, in dem etwas Echtes geschieht.

Die innere Haltung ist das Fundament, auf dem Sprache aufbaut. Wer mitfühlend denkt, wird mitfühlend sprechen. Wer urteilt, wird bewertend klingen. Wer offen ist, wird Worte wählen, die einladen. Unsere innere Haltung wirkt mit, auch wenn wir sie nicht explizit benennen. Sie schwingt in jedem Satz mit, wird hörbar in unserer Stimme, spürbar in unserer Präsenz. Worte aus einem wohlwollenden Inneren tragen eine andere Qualität als Worte, die aus Pflichtgefühl oder innerem Widerstand gesprochen werden. Sie spiegeln nicht nur unsere Gedanken, sondern auch unser Menschenbild.

Gerade in beratenden, begleitenden und lehrenden Berufen zeigt sich die Bedeutung dieser Haltung besonders deutlich. Es reicht nicht, wohlformulierte Sätze auszusprechen, wenn sie nicht getragen sind von einer echten inneren Verbindung zum Gegenüber. Menschen spüren, ob sie gemeint sind. Sie spüren, ob das Gesagte aus dem Herzen kommt oder aus einem professionellen Skript. Authentizität ist kein rhetorisches Stilmittel, sondern Ausdruck einer gelebten inneren Haltung. Diese Haltung ist keine Technik. Sie ist eine Haltung des Herzens, des Mitgefühls, der Bereitschaft zur wirklichen Begegnung.

Eine offene, zugewandte Haltung erlaubt es dem Gegenüber, sich zu zeigen, sich zu öffnen, sich mitzuteilen. Eine bewertende oder distanzierte Haltung hingegen erzeugt Unsicherheit und Verschlossenheit. Worte entfalten ihre Kraft dann, wenn sie eingebettet sind in eine Atmosphäre der Achtung, der Präsenz und des ehrlichen Interesses. Diese Haltung ist nicht angeboren. Sie kann kultiviert, gepflegt, vertieft werden. Sie wächst dort, wo Selbsterkenntnis auf Empathie trifft. Wer sich selbst kennt, kann anderen mit größerer Klarheit und Milde begegnen.

Wer seine innere Haltung regelmäßig reflektiert, wer bereit ist, die eigene Perspektive zu hinterfragen und sich selbst in der Kommunikation immer wieder neu zu justieren, schafft die Grundlage für eine Sprache, die wirkt. Dabei geht es nicht um Selbstoptimierung, sondern um Selbstverbundenheit. Es geht darum, mit sich selbst in Einklang zu sein, mit dem, was man sagt, und mit dem, was man fühlt. Erst wenn Innen und Außen übereinstimmen, entsteht eine Sprache, die in die Tiefe reicht. In dieser Übereinstimmung liegt eine besondere Kraft. Sie macht Worte glaubwürdig, berührbar und tragfähig.

Diese innere Stimmigkeit schafft einen Resonanzraum, der über das einzelne Gespräch hinausreicht. Menschen, die sich in ihrer Sprache echt zeigen, erzeugen Vertrauen nicht nur durch Inhalte, sondern durch Ausstrahlung. Sie wirken auf einer nonverbalen Ebene glaubwürdig, weil ihre Worte und ihr Sein eine Einheit bilden. Das bedeutet nicht, dass alles glatt oder perfekt sein muss. Im Gegenteil, gerade das Anerkennen eigener Zweifel, das ehrliche Benennen von Unsicherheiten, das stille Eingeständnis von Nichtwissen kann tiefes Vertrauen schaffen.

Es gehört Mut dazu, sich in seiner Sprache verletzlich zu zeigen. Doch in dieser Offenheit liegt eine Würde, die nicht laut sein muss. Menschen spüren intuitiv, ob jemand spricht, um zu beeindrucken, oder ob jemand spricht, um zu berühren. Wenn wir unsere Sprache aus einer inneren Haltung der Klarheit, Echtheit und Zuwendung heraus gestalten, geschieht etwas Wunderbares: Das gesprochene Wort wird zur Einladung. Zur Einladung, sich mitzuteilen, sich zu öffnen, sich zu zeigen. Und genau in diesem Raum kann Entwicklung geschehen.

Die innere Haltung wirkt damit nicht nur auf den anderen, sondern auch zurück auf uns selbst. Je öfter wir Worte wählen, die aus einem echten, liebevollen Ort in uns stammen, desto stärker prägt sich diese Haltung auch in unser eigenes Selbstbild ein. Wir beginnen, uns selbst in diesem Licht zu begegnen. Sprache wird so zu einem inneren Spiegel, in dem wir nicht nur andere, sondern auch uns selbst neu erkennen können.

Eine zentrale Qualität dieser Haltung ist Demut. Demut vor der Einzigartigkeit des Menschen, der mir gegenübersitzt. Demut vor der Komplexität von Erfahrungen, Lebenswegen, inneren Welten. Wer mit dieser Haltung spricht, spricht nicht über den anderen hinweg, sondern begegnet ihm auf Augenhöhe. Die Worte verlieren ihre Schärfe, ihre Eile, ihre Bedürftigkeit nach Geltung. Sie werden zu Trägern von Beziehung, von Anteilnahme, von Präsenz. Demut bedeutet auch, sich als Lernende:r zu verstehen, nicht als Wissende:r. Wer aus einer inneren Haltung der Lernbereitschaft spricht, spricht anders. Aufmerksamer. Weicher. Wahrhaftiger.

Diese innere Haltung lässt sich nicht erzwingen, aber sie kann wachsen. Durch Achtsamkeit. Durch innere Arbeit. Durch das immer wieder bewusste Innehalten vor einem Gespräch. Ein kurzer Moment der Sammlung. Ein stilles Durchatmen. Ein inneres Ja zum Gegenüber. All das verändert, wie wir sprechen. Es verändert nicht nur den Klang unserer Stimme, sondern auch die Tiefe unseres Zuhörens. Wer sich in seinem Innersten auf den anderen einlässt, spricht anders. Weniger belehrend. Weniger kontrollierend. Dafür echter. Nahbarer. Menschlicher.

Sprache beginnt im Innern. Und dort entscheidet sich auch, ob sie heilt oder verletzt, ob sie Brücken baut oder Mauern errichtet. Die innere Haltung ist das Herzstück jeder heilsamen Kommunikation. Sie ist das leise Fundament, auf dem Vertrauen wächst. Wer ihr Raum gibt, spricht nicht nur. Er wirkt. Und in dieser Wirkung liegt die Kraft, einen anderen Menschen zu berühren. Vielleicht sogar so, dass er sich selbst in einem neuen Licht begegnet.

Achtsame Selbstbeobachtung beim Sprechen

Sprache ist ein Spiegel, nicht nur für die Person, die zuhört, sondern vor allem für jene, die spricht. Wer achtsam spricht, hat gelernt, sich selbst im Sprechen zu beobachten. Das bedeutet nicht, sich ständig zu kontrollieren oder jedes Wort zu hinterfragen. Es bedeutet vielmehr, mit innerer Wachheit wahrzunehmen, was man sagt, wie man es sagt und aus welcher inneren Quelle es stammt. Diese Art der Selbstbeobachtung ist ein wertvolles Instrument, um die eigene Sprache zu verfeinern und mit der inneren Haltung in Einklang zu bringen.

Achtsame Selbstbeobachtung beginnt mit der Bereitschaft zur inneren Einkehr. Sie stellt Fragen wie: Was bewegt mich gerade, wenn ich spreche? Kommt mein Wort aus dem Wunsch zu helfen, zu verstehen, zu verbinden? Oder ist es geprägt von Ungeduld, Belehrung oder einem Bedürfnis nach Kontrolle? Diese Reflexion erfordert Mut zur Ehrlichkeit. Denn nicht jede gut gemeinte Äußerung ist frei von Eigeninteresse oder innerem Stress. Wer jedoch lernt, sich selbst mit Mitgefühl und Klarheit zu begegnen, wird nicht stumm, sondern wach. Wach für die feinen Nuancen, die zwischen Absicht und Wirkung liegen.

Ein zentrales Element der achtsamen Selbstbeobachtung ist die Körperwahrnehmung. Denn der Körper spricht mit, bevor das erste Wort den Mund verlässt. Ein Engegefühl in der Brust, ein Druck im Hals, ein angespanntes Kiefer - all das sind Signale, die darauf hinweisen können, dass unsere Sprache nicht aus innerer

Freiheit kommt, sondern von innerem Druck oder alten Mustern begleitet wird. Wer achtsam spricht, bezieht den Körper mit ein. Er spürt nach innen, bevor er nach außen kommuniziert. So entsteht eine Sprache, die nicht nur bewusst, sondern auch verkörpert ist.

Auch die Wahrnehmung des Atems kann ein Tor zur achtsamen Sprache sein. Atem und Sprache sind tief miteinander verbunden. Wer flach oder hastig atmet, wird selten ruhig und geerdet sprechen. Wer tief und verbunden atmet, bringt Gelassenheit, Raum und Präsenz in seine Worte. Die achtsame Selbstbeobachtung nimmt daher nicht nur das Gesagte in den Blick, sondern auch das, was im Sprechen mitschwingt: Haltung, Stimmung, Atmung, Körperenergie. All das trägt zur Wirkung der Sprache bei.

Die Praxis der achtsamen Selbstbeobachtung beim Sprechen bedeutet auch, sich Pausen zu erlauben. Die Stille ist kein Fehler in der Kommunikation, sondern ein Raum, in dem sich Bedeutung verdichten kann. In der Pause geschieht Verarbeitung, Sammlung, Orientierung. Wer sich selbst erlaubt, zwischen den Worten innezuhalten, wird oft präziser, ehrlicher und präsenter. In der Langsamkeit entsteht Tiefe. In der Tiefe entsteht Resonanz.

Achtsamkeit im Sprechen bedeutet auch, sich der eigenen Sprachmuster bewusst zu werden. Welche Redewendungen benutze ich immer wieder? Welche Bewertungen schleichen sich in meine Worte, obwohl ich es vielleicht gar nicht beabsichtige? Welche Automatismen lenken meine Sprache, wenn ich unter Druck bin? Durch Selbstbeobachtung können solche Muster erkannt und allmählich verändert werden. Sprache wird dadurch lebendiger, authentischer und kraftvoller.

Diese Form der Selbstwahrnehmung ist kein Selbstzweck. Sie dient der Beziehung. Denn je klarer ich mit mir selbst verbunden bin, desto offener kann ich mich dem Gegenüber zuwenden. Die Qualität meiner Sprache hängt unmittelbar mit der Qualität meiner Selbstbeziehung zusammen. Wer sich selbst mit Achtsamkeit begegnet, wird anderen mit mehr Respekt, Geduld und Empathie begegnen können.

Achtsame Selbstbeobachtung beim Sprechen ist eine tägliche Übung. Sie geschieht nicht einmal und dann ist sie erledigt. Sie wächst mit der Bereitschaft, immer wieder hinzuschauen, innezuhalten, zu justieren. Und sie wächst mit dem Mut, sich auch dann liebevoll zu begegnen, wenn das Gesagte nicht dem eigenen Ideal entspricht. Es geht nicht um Perfektion, sondern um Entwicklung. Um eine Sprache, die aus der Tiefe kommt und in die Tiefe führt. Eine Sprache, die verbindet, weil sie aus Verbindung stammt.

Diese Praxis eröffnet auch den Zugang zu einer neuen Dimension sprachlicher Präsenz: der bewussten Entscheidung für das Sprechen selbst. In einer Welt, die von schnellen Reaktionen, Meinungen und Äußerungen geprägt ist, wird achtsames Sprechen zu einem Akt der Entschleunigung. Es entsteht eine neue Qualität des Dialogs, wenn Worte nicht sofort, sondern bewusst gewählt werden. Wer sich fragt, ob ein Wort wirklich gesagt werden muss, ob es dem Gegenüber dient oder lediglich dem eigenen Mitteilungsbedürfnis, der übt nicht Zurückhaltung aus Unsicherheit, sondern Verantwortung aus innerer Reife.

Darüber hinaus erlaubt achtsame Selbstbeobachtung auch das Erkennen der inneren Stimme, die oft im Hintergrund spricht. Diese innere Stimme, sei es ein innerer Kritiker, ein Antreiber oder ein ängstlicher Anteil, kann unsere Ausdruckskraft beeinflussen, ohne dass wir es bemerken. Wer sich im Sprechen beobachtet, kann unterscheiden lernen: Wer spricht gerade in mir? Welche Anteile melden sich zu Wort? Und welche möchte ich bewusst zu Wort kommen lassen? Dieses innere Lauschen ist eine tiefgreifende Form der Selbsterkenntnis und unterstützt nicht nur die sprachliche Klarheit, sondern auch die psychische Integrität.

Auch der Umgang mit Sprache in Konfliktsituationen gewinnt durch achtsame Selbstbeobachtung an Tiefe. Gerade wenn Emotionen hochkochen, wenn wir uns angegriffen oder missverstanden fühlen, neigen wir dazu, in automatische Sprachmuster zu verfallen. Angriffe, Vorwürfe, Rechtfertigungen schleichen sich ein. Wer jedoch innehalten kann, bevor der erste Impuls sich Bahn bricht, eröffnet einen anderen Weg: den Weg des bewussten Dialogs. Achtsamkeit im Sprechen heißt auch, in der Hitze des Moments präsent zu bleiben und die eigene Verantwortung für das Gesagte nicht aus dem Blick zu verlieren.

Schließlich stärkt die Selbstbeobachtung beim Sprechen auch die Fähigkeit, stimmige Entscheidungen über Sprache zu treffen. Nicht immer ist Reden heilsam. Manchmal ist es das stille Mitfühlen, das berührt. Manchmal ist es die sanfte Geste, die mehr sagt als Worte. Wer sich selbst beim Sprechen beobachtet, entwickelt ein feines Gespür dafür, wann Worte tragen und wann sie stören. Dieses Gespür ist kein Wissen, das man aus Büchern lernt, sondern eine innere Weisheit, die sich durch Erfahrung, Reflexion und den Mut zur Stille entfaltet.

So wird achtsames Sprechen zu einem Weg der persönlichen und zwischenmenschlichen Reifung. Es verändert nicht nur unsere Sprache, sondern unser Sein. In jedem Moment, in dem wir achtsam sprechen, gestalten wir Beziehung, zu anderen und zu uns selbst.

Wie Sprache das Erleben formt

Sprache erschafft Realität. Sie beschreibt nicht nur, was ist, sondern gestaltet zugleich, was wir für möglich halten, wofür wir Worte finden, worauf wir achten. Mit jedem Satz legen wir eine Spur, auf der sich unser Denken, Fühlen und Handeln bewegt. Unsere inneren Bilder, unsere Emotionen, sogar unsere Körperreaktionen sind eng mit der Art und Weise verwoben, wie wir über etwas sprechen. Wenn wir etwa von einem „herausfordernden Gespräch" sprechen, entsteht eine andere innere Haltung, als wenn wir dasselbe Gespräch als „kritisch" oder „bedrohlich" bezeichnen. Die Wortwahl entscheidet über unsere emotionale Resonanz, über unsere Deutung und letztlich über unser Verhalten.

Die Psychologie der Sprache beschäftigt sich mit genau diesen Wechselwirkungen. Sie fragt nicht nur, wie Sprache entsteht, sondern vor allem, wie sie auf unser Denken zurückwirkt. Sprache ist niemals neutral. Sie spiegelt unsere Haltung, unsere Erfahrungen, unsere Werte und wirkt gleichzeitig als Filter für neue Erfahrungen. Wer etwa häufig in Kategorien von Schuld, Pflicht und Kontrolle spricht, wird die Welt auch als entsprechend reglementiert und belastend erleben. Wer hingegen mit Begriffen wie Möglichkeit, Wachstum oder Einladung arbeitet, öffnet sich selbst für andere Perspektiven. Worte wirken nicht nur nach außen, sie wirken in uns hinein.

Diese innere Wirkung geschieht oft unbemerkt. Wir gewöhnen uns an bestimmte Sprachmuster, ohne ihre psychologischen Folgen zu hinterfragen. Dabei prägen sie unsere Selbstgespräche, unsere Beziehungen und sogar unsere Lebensentscheidungen. Wer sich seiner Sprache bewusst wird, wird damit auch Schöpfer:in seiner Wirklichkeit. Denn die Wahl der Worte ist immer auch eine Entscheidung darüber, wie wir leben, fühlen und anderen begegnen wollen.

Ein bewusster Umgang mit Sprache ist daher ein Schlüssel zu mehr innerer Freiheit und zu einem tieferen Verständnis von Kommunikation. Nicht indem wir Sätze optimieren oder Worte glätten, sondern indem wir uns fragen, was hinter unseren Worten wirkt. Welche Bilder, welche Überzeugungen, welche unausgesprochenen Geschichten? In diesem Raum zwischen Wort und Wirkung beginnt das eigentliche Abenteuer der Sprachpsychologie: die Rückverbindung mit dem, was wir wirklich sagen wollen, und dem, was wir in uns selbst hören können.

In der neurolinguistischen Forschung wurde immer wieder gezeigt, dass Sprache unser Gehirn formt. Wörter aktivieren neuronale Netzwerke, rufen Erinnerungen wach, erzeugen Emotionen und lenken die Aufmerksamkeit. Wenn jemand etwa das Wort „Sturm" hört, reagiert nicht nur das Sprachzentrum. Auch sensorische Areale werden aktiviert, die mit Wind, Kälte und Bewegung verbunden sind. Das bedeutet: Sprache ist nicht nur kognitiv, sie ist sinnlich. Sie berührt unser inneres Erleben auf vielschichtige Weise.

Die Worte, die wir verwenden, sind damit weit mehr als Informationsmittel. Sie sind Anker. Sie strukturieren unsere Wirklichkeit und können, je nach Tonlage, Kontext und Bedeutung, beruhigen, ermutigen, verunsichern oder aufwühlen. Wenn wir etwa sagen: „Ich muss das schaffen", erzeugen wir inneren Druck. Wenn wir hingegen sagen: „Ich darf mich ausprobieren", öffnen wir uns für Entwicklung. Schon kleine sprachliche Verschiebungen haben große Auswirkungen auf unser emotionales Erleben.

Das neurolinguistische Programmieren (NLP) hat diesen Zusammenhang systematisch genutzt. Es geht davon aus, dass unsere Sprache Rückschlüsse auf innere Landkarten erlaubt, also auf die Art und Weise, wie wir Welt, Selbst und Beziehung organisieren. Wer achtsam zuhört, erkennt in den Formulierungen eines Menschen seine Überzeugungen, Werte, Ängste und Ziele. Und wer achtsam spricht, kann über Sprache neue Erfahrungen anstoßen.

Ein zentrales Element der Sprachpsychologie ist das Reframing, das bewusste Umdeuten von Aussagen oder Ereignissen. Es zeigt eindrucksvoll, wie stark Sprache unsere Wahrnehmung lenkt. Wer einen Fehler als Lernschritt benennt, erlebt sich anders als jemand, der denselben Fehler als persönliches Versagen beschreibt. Das Gehirn reagiert auf die Wortwahl. Sprache wird so zum Schlüsselinstrument innerer Neuorientierung.

Auch die Verwendung von Metaphern ist ein kraftvolles Werkzeug der sprachlichen Einflussnahme. Metaphern wirken direkt auf das Unbewusste. Sie umgehen rationale Filter und sprechen die Ebene der Vorstellung, der Erinnerung und des Körpergefühls an. Eine gut gewählte Metapher kann mehr bewirken als eine lange Erklärung.

Sie erzeugt ein inneres Bild, das bleibt. Wenn wir sagen: „Das war ein schwerer Tag", fühlt sich unser Körper müde. Wenn wir sagen: „Ich habe heute viel getragen", fühlen wir uns in unserer Kraft.

Unsere Sprache wirkt auch auf unsere Beziehung zu uns selbst. Die sogenannte Selbstansprache, also die Art, wie wir innerlich mit uns reden, beeinflusst nachweislich unser Selbstwertgefühl, unsere Resilienz und unser Verhalten. Ob wir uns selbst liebevoll oder abwertend begegnen, macht einen enormen Unterschied. Die Sprache, die wir nach innen richten, wirkt direkt auf unsere emotionale Befindlichkeit. Deshalb ist es kein belangloses Detail, ob wir uns sagen: „Ich bin unfähig" oder: „Ich habe es diesmal noch nicht geschafft, aber ich wachse daran."

Darüber hinaus gibt es faszinierende Studien zur sogenannten Embodiment-Theorie, welche besagen, dass bestimmte sprachliche Ausdrücke auch körperliche Haltungen hervorrufen können. Sagen wir etwa: „Ich bin niedergeschlagen", senkt sich oft auch unbewusst unsere Körperhaltung. Sprache beeinflusst damit nicht nur das Denken, sondern auch das körperliche Erleben. Ebenso kann eine ermutigende Sprache unsere Haltung aufrichten, den Atem vertiefen und die Energie im Körper verändern. Worte wirken also von innen nach außen und zugleich von außen nach innen.

Ein weiterer Aspekt betrifft die Sprache der Gefühle. Viele Menschen haben keinen differenzierten Wortschatz für ihre inneren Zustände. Sie sagen: „Es geht mir schlecht", statt zu sagen: „Ich fühle mich traurig, verunsichert oder überfordert." Doch je präziser wir benennen, was wir fühlen, desto besser können wir für uns sorgen. Sprache schafft Bewusstsein. Sie macht das Unsichtbare sichtbar. In diesem Sinn ist das Erlernen einer emotionalen Sprache auch ein Akt der Selbstfürsorge.

Sprache beeinflusst zudem die Art, wie wir über andere Menschen denken. Ob wir jemanden als „Problemfall" oder als „herausgeforderte Person" bezeichnen, verändert nicht nur unser Bild dieser Person, sondern auch unser Verhalten ihr gegenüber. Worte formen Bilder, und diese Bilder steuern unsere Handlungen. Eine respektvolle, differenzierte Sprache trägt daher zur Entstigmatisierung bei, während pauschalisierende oder entwertende Begriffe Distanz und Abwertung fördern.

Wie du bereits im vorhergehenden Kapitel erfahren hast, beginnt ein bewusster Umgang mit Sprache damit, sich selbst zu beobachten: Welche Worte verwende ich oft? Welche Formulierungen geben mir Kraft? Welche schwächen mich? Welche Sätze habe ich übernommen, ohne sie zu hinterfragen? Je klarer ich mir meiner sprachlichen Gewohnheiten bin, desto freier werde ich in meiner Gestaltungskraft. Sprache wird dann nicht nur Mittel zum Zweck, sondern Ausdruck von Bewusstsein.

So wird die Sprache zu einem inneren Kompass. Sie zeigt, wie wir die Welt sehen und wie wir uns selbst darin verorten. Sie zeigt, was wir erwarten, was wir befürchten, was wir hoffen. Und sie bietet die Möglichkeit, diese Sicht zu verändern. Ein neues Wort kann ein neuer Weg sein. Ein anderer Satz kann ein anderes Selbstbild stützen. Eine achtsame Formulierung kann Trost spenden, Klarheit schenken oder neue Horizonte eröffnen.

Die Psychologie der Sprache lädt uns ein, Worte nicht nur zu nutzen, sondern sie zu erforschen. Ihre Wurzeln, ihre Wirkungen, ihre Wege in die Tiefe der menschlichen Erfahrung. Wer sich dieser Erforschung widmet, entdeckt eine Welt, in der Sprache nicht nur Ausdruck, sondern auch Zugang ist. Zugang zu Bewusstsein, zu Beziehung, zu Veränderung. Und vielleicht auch zu einer tieferen Verbindung mit sich selbst.

Sprachliche Realitätskonstruktion

Worte haben nicht nur eine Bedeutung, sie schaffen Bedeutung. Und sie tun das auf eine Weise, die tief in unser Denken, Fühlen und Handeln hineinwirkt. Sprache ist weit mehr als ein Werkzeug zur Verständigung, sie ist ein gestaltender Prozess, der unsere Wirklichkeit formt, unsere Beziehungen prägt und unser Selbstbild beeinflusst. Mit jedem gesprochenen Wort setzen wir ein inneres Zeichen, das unser Erleben ordnet, färbt oder sogar verwandelt.

Besonders faszinierend ist, dass dies oft geschieht, ohne dass wir es bewusst wahrnehmen. Sprache ist wie ein Strom, in dem wir uns bewegen, ohne immer zu wissen, wie sehr er unsere Richtung beeinflusst. Zwei zentrale Konzepte aus der Sprachpsychologie helfen uns, diesen unsichtbaren Strom zu erkennen: Framing und Priming. Sie zeigen auf, wie sehr Sprache unsere Wahrnehmung strukturiert, welche inneren Bilder sie in uns weckt und auf welche Weise sie unsere Realität lenkt: in feinen Nuancen oder in kraftvollen Verschiebungen unseres Denkens.

Framing bedeutet, dass ein und dasselbe Thema je nach sprachlichem Rahmen völlig unterschiedlich wirken kann. Der Rahmen ist wie ein Bilderrahmen: Er zeigt, worauf wir blicken sollen, und blendet andere Aspekte aus. Wird zum Beispiel ein Projekt als „Herausforderung" oder als „Problem" beschrieben, entstehen ganz unterschiedliche innere Bilder. Herausforderung weckt Mut, Mobilisierung, vielleicht sogar Vorfreude. Problem hingegen aktiviert Zweifel, Druck und Widerstand. Die

Fakten bleiben gleich, doch die sprachliche Einbettung verändert die emotionale Resonanz und die Handlungsbereitschaft.

Diese Macht der Rahmung wird in Medien, Politik und Werbung bewusst genutzt. Aber auch in alltäglichen Gesprächen zwischen Kolleg:innen, in Familien oder in Beratungsprozessen entfaltet Framing eine stille, aber wirkmächtige Kraft. Wer Situationen, Personen oder Erfahrungen auf eine bestimmte Weise beschreibt, lenkt die Wahrnehmung der Zuhörenden. Sprache wird so zum Instrument der Weltgestaltung. Sie lässt uns dieselbe Wirklichkeit anders sehen, abhängig davon, wie sie gerahmt ist. Und genau darin liegt die Wirkmacht der Sprache: Sie entscheidet nicht nur, was wir sagen, sondern auch, wie wir fühlen, denken und handeln.

Die Folgen eines negativ gesetzten Framings sind häufig subtil, aber langfristig bedeutsam. Wenn ein Kind regelmäßig hört, es sei „schwierig", entsteht nicht nur ein inneres Bild von sich selbst, sondern auch eine soziale Realität, in der dieses Bild immer wieder bestätigt wird. Wird das Kind dagegen als „besonders sensibel" oder „wach" beschrieben, entsteht ein ganz anderes Selbstverständnis. Das Framing formt Identität. Es erzeugt ein Echo im Innern, das über Jahre nachklingen kann.

Eng verbunden mit dem Framing ist das Priming. Damit ist die unbewusste Voraktivierung bestimmter Denk- und Wahrnehmungsmuster gemeint. Worte, die wir hören oder lesen, beeinflussen unsere Reaktion auf nachfolgende Reize. Wer vorher Wörter wie „alt", „langsam" oder „erschöpft" aufgenommen hat, bewegt sich messbar langsamer, selbst ohne es zu merken. Das Gehirn wird durch Sprache „vorbereitet". Es stellt sich innerlich auf eine bestimmte Richtung ein. Priming wirkt wie ein inneres Echo: Das, was wir vorher gehört oder gelesen haben, klingt in uns nach und verändert unsere Deutungen, Bewertungen und Reaktionen.

Diese Prozesse laufen meist unbewusst ab, was ihre Wirkung umso bedeutsamer macht. Denn wer sich der Prägung nicht bewusst ist, wird von ihr gesteuert. Priming beeinflusst nicht nur unsere Bewegungen, sondern auch unsere Aufmerksamkeit, unser Gedächtnis und sogar unsere Entscheidungen. In Experimenten konnte gezeigt werden, dass Menschen, die vorher mit positiven Worten in Kontakt kamen, eine freundlichere Haltung gegenüber anderen entwickelten, während negativ geprimte Personen eher zu Misstrauen und Ablehnung neigten. Es ist also nicht gleichgültig, welche Worte uns im Alltag begegnen. Sie hinterlassen Spuren in unserem Erleben, auch wenn sie beiläufig erscheinen.

Gerade in sozialen Interaktionen zeigt sich die Kraft des Primings. Ein einzelnes Wort kann den Ton eines Gesprächs prägen. Eine Geste, eine Andeutung, eine Formulierung reicht aus, um eine bestimmte Erwartung im Gegenüber zu erzeugen. Diese Erwartung wiederum beeinflusst, wie Botschaften gehört, interpretiert und erinnert werden. So entsteht ein Wirkungsgeflecht, das sich wechselseitig verstärkt, und das durch achtsame Sprachwahl bewusst gestaltet werden kann. Deshalb spielt Priming im Gespräch so eine große Rolle. Wer ein Gespräch mit Sätzen wie „Ich weiß, dass Sie das nicht gern hören werden" beginnt, aktiviert beim Gegenüber bereits

Abwehr, noch bevor der eigentliche Inhalt folgt. Wer dagegen sagt: „Ich möchte etwas mit Ihnen teilen, das mir wichtig erscheint", öffnet einen anderen Resonanzraum. Sprache erzeugt Erwartung. Und diese Erwartung prägt das Erleben. Besonders bedeutsam ist dies in Situationen, in denen Vertrauen entstehen oder gehalten werden soll: in der Beratung, im Coaching, im Unterricht, im Alltag. Die sprachliche Einstimmung entscheidet über die Tiefe der Begegnung.

Die Wirkung von Framing und Priming zeigt sich besonders deutlich in der Beratung und Begleitung. Wenn Berater:innen eine Krise als „Wendepunkt", eine Angst als „Wächterin", eine Blockade als „Schutzmechanismus" bezeichnen, ermöglichen sie ihren Klient:innen neue Perspektiven. Die Worte laden zu einem anderen inneren Bild ein, das weniger mit Scheitern und Defizit verknüpft ist, sondern mit Entwicklung, Sinn und Wachstum. Das ist keine Schönfärberei, sondern eine bewusste Entscheidung für eine Sprache, die Möglichkeiten öffnet. Und diese Öffnung verändert nicht nur die Klient:innen. Sie verändert auch das Klima der Beziehung.

Auch die Selbstwahrnehmung ist stark von sprachlicher Rahmung geprägt. Sprache kann verletzen, aber sie kann auch Räume öffnen. Die Art und Weise, wie wir über uns selbst sprechen, bestimmt mit, wie wir uns fühlen. Wer sich immer wieder sagt: „Ich bin so schwierig", rahmt sich selbst als Last. Wer sich sagt: „Ich trage viel in mir, das nach Ausdruck sucht", rahmt sich als Mensch mit Tiefe. Der Unterschied mag subtil erscheinen, doch seine Wirkung ist enorm. Sprache ist nicht neutral. Sie ist schöpferisch.

In der Begleitung von Menschen in Veränderungsprozessen ist es daher essenziell, sich der sprachlichen Angebote bewusst zu werden. Ob wir von „Scheitern" oder von „Zwischenstationen" sprechen, von „Verletzlichkeit" oder von „Echtheit", macht einen gewaltigen Unterschied. Sprache ist das Tor zur inneren Welt. Und mit jedem Wort legen wir fest, ob sich dieses Tor öffnet oder verschließt.

Framing bedeutet nicht, die Realität zu manipulieren. Es bedeutet, sich bewusst zu entscheiden, aus welchem Blickwinkel wir auf etwas schauen. Diese Entscheidung kann heilsam, ermächtigend, klärend sein. Wer immer nur problemorientiert spricht, erzeugt auch ein problemzentriertes Erleben. Wer lösungsorientiert spricht, aktiviert andere neuronale Netzwerke, andere innere Bilder, andere Handlungsmöglichkeiten. Unsere Sprache formt unser Erleben und dieses Erleben wiederum beeinflusst unsere Sprache.

Diese Wechselwirkung macht deutlich, wie wichtig es ist, Sprache nicht einfach geschehen zu lassen. Wer achtsam spricht, fragt sich: Was rufe ich mit meinen Worten hervor? Welchen Rahmen setze ich? Welche Vorannahmen aktiviere ich? Welche inneren Bilder entstehen durch meine Sprache? Diese Fragen sind kein Luxus. Sie sind das Fundament einer Sprache, die verbindet, stärkt und begleitet.

Auch die soziale Realität wird durch Sprache konstruiert. Begriffe wie „Arbeitslose", „Flüchtlinge", „Leistungsträger" oder „Versager" sind nicht nur Beschreibungen. Sie transportieren Bewertungen, Zugehörigkeit,

Ausgrenzung. Sie erzeugen soziale Wirklichkeit. Wer Sprache reflektiert, erkennt die verborgene Macht dieser Begriffe und kann sich entscheiden, ob er ihnen folgen oder ihnen neue Worte entgegensetzen will.

Framing und Priming betreffen nicht nur das gesprochene Wort, sondern auch Bilder, Metaphern, Geschichten. Sie alle prägen unser inneres Erleben. Wenn wir beginnen, bewusster mit diesen sprachlichen Werkzeugen umzugehen, entdecken wir eine neue Freiheit: die Freiheit, Realitäten zu gestalten, die dem Leben dienen. Nicht um zu täuschen, sondern um zu ermöglichen. Nicht um zu kontrollieren, sondern um zu begleiten.

Diese Gestaltungskraft beginnt im Kleinen: in einem Gespräch mit einem Kind, in einer Rückmeldung an eine Kollegin, in einem inneren Dialog mit sich selbst. Sprache ist überall. Und überall ist sie wirksam. Wer sich dieser Wirksamkeit bewusst ist, übernimmt Verantwortung. Verantwortung für Worte, für Bilder, für Bedeutungen. Und damit für das, was zwischen Menschen geschieht.

Denn Worte sind nicht einfach Schall und Rauch. Sie sind Bausteine innerer Welten. Wer achtsam mit ihnen umgeht, baut Brücken. Zwischen Innen und Außen, zwischen Ich und Du, zwischen Hoffnung und Wirklichkeit.

Worte, die öffnen - Worte, die blockieren

Sprache ist wie eine Tür: Sie kann sich öffnen und Verbindung ermöglichen oder sie kann verschlossen bleiben und Trennung erzeugen. In jedem Gespräch, in jeder Begegnung, sogar in unseren inneren Monologen stellt sich diese Frage unbewusst immer wieder: Führt das Gesagte aufeinander zu oder voneinander weg? Macht es Mut oder lähmt es? Weckt es Vertrauen oder ruft es Abwehr hervor? Es sind eben nicht nur die Inhalte, die entscheiden. Es sind vor allem die Worte, in denen diese Inhalte eingebettet sind. Worte, die öffnen, laden ein, fördern Neugier und ermöglichen Nähe. Sie sind getragen von einem inneren Wunsch nach Verbindung. Sie stellen keine Bedingung, sie verlangen nichts, sondern bieten Resonanz. In der Begegnung mit einem Menschen, der sich öffnenden Worten anvertraut, entsteht ein feiner Raum des Einvernehmens, der nicht durch Zustimmung, sondern durch das Gefühl des Gehörtwerdens entsteht.

Diese Wirkung entfaltet sich nicht nur im gesprochenen Wort. Auch unsere Körpersprache, unser Blick, unsere Tonlage und das Schweigen selbst können öffnend wirken oder verschließen. In einer Welt, die oft von Geschwindigkeit, Reizüberflutung und Urteilsbereitschaft geprägt ist, braucht es eine bewusste Entscheidung, öffnend zu sprechen. Es bedeutet, innezuhalten, den anderen wirklich wahrzunehmen, die Sprache lebendig und zugleich achtsam zu formen. Sprache wird dabei zum Ausdruck einer inneren Haltung: der Entscheidung, sich nicht über das Gegenüber zu erheben, sondern sich ihm zuzuwenden.

Blockierende Sprache hingegen wirkt wie ein Widerstand im Fluss der Kommunikation. Sie entsteht häufig aus innerer Unsicherheit oder aus einem Bedürfnis nach Kontrolle. Sie kann sich in Wiederholungen, Verallgemeinerungen, Defizitfokussierungen oder auch in einem Mangel an echter Zuwendung äußern. Ein beiläufiges „immer machst du…", ein abwertendes „du verstehst das nicht" oder ein sachlich kaltes „das sind nun mal die Regeln", all das wirkt auf Beziehungsebene verschließend. Dabei muss blockierende Sprache nicht immer direkt verletzend sein. Oft genügt bereits das Auslassen von Resonanz, das Übergehen des Gegenübers, um Trennung zu erzeugen.

In Beratung, Bildung oder Führung ist daher nicht nur die Botschaft entscheidend, sondern auch die Beziehungsgestaltung durch Sprache. Eine Lehrerin, die sagt: „Du wirst das nie verstehen", prägt eine andere Realität als jemand, der sagt: „Wir suchen gemeinsam einen Weg, wie du das besser greifen kannst." Öffnende Sprache anerkennt das Entwicklungspotenzial. Sie bleibt verbunden mit Hoffnung und mit der Möglichkeit von Veränderung. Blockierende Sprache hingegen wirkt oft wie ein innerer Schlusspunkt, ein unausgesprochenes Nein zum Wachstum.

Auch im Selbstgespräch entfaltet sich diese Dynamik. Wiederholte innere Sätze wie „Ich bin halt so", „Das bringt sowieso nichts" oder „Ich bin nicht gut genug" erzeugen ein inneres Klima der Erstarrung. Sie wirken wie mentale Sperren. Wer sich hingegen erlaubt, freundlich mit sich zu sprechen, etwa durch Sätze wie „Ich darf neugierig bleiben", „Ich kann neue Erfahrungen zulassen" oder „Ich wachse mit jeder Begegnung", öffnet innerlich Türen. Diese Selbstzuwendung ist mehr als eine Technik. Sie ist ein Übungsweg, der unsere emotionale Wirklichkeit nachhaltig beeinflusst.

Im professionellen Kontext braucht es ein hohes Maß an Sprachbewusstsein. Besonders in Situationen, in denen Menschen sich verletzlich zeigen, können scheinbar harmlose Worte blockierend wirken. Sätze wie „Das haben viele schon geschafft", „Da müssen Sie durch" oder „Das geht vorbei" mögen trösten wollen, doch oft verfehlen sie ihre Wirkung. Sie reduzieren, statt zu verstehen. Sie schieben das Erleben beiseite, statt es anzuerkennen. Dahinter steht häufig der unbewusste Versuch, die eigene Hilflosigkeit zu vermeiden, denn die tiefe Berührung durch das Leid eines anderen kann auch beim Gegenüber etwas in Bewegung bringen, das schwer auszuhalten ist. Dagegen können Worte wie „Das klingt nach einer großen Anstrengung", „Das berührt mich" oder „Ich bin gerade ganz still, weil ich spüre, wie viel das für Sie bedeutet" Räume der Resonanz schaffen, in denen echte Begegnung geschieht. Solche Formulierungen vermitteln nicht nur Empathie, sondern laden die betroffene Person ein, weiter in Kontakt mit ihrem eigenen Erleben zu bleiben. Sie schaffen ein feines Gleichgewicht zwischen Mitgefühl und Zurückhaltung, zwischen Nähe und Respekt vor der inneren Welt des Gegenübers. Sprache wird dadurch zu einem Halt gebenden Rahmen, der nicht drängt, sondern hält. Besonders in therapeutischen, beratenden oder pädagogischen Beziehungen ist dieser feine Ton der Sprache entscheidend, denn er entscheidet darüber, ob Vertrauen wachsen kann oder ob sich jemand innerlich zurückzieht.

Öffnende Sprache ist nicht immer leicht. Sie verlangt Präsenz, Geduld, manchmal auch das Aushalten von Ungewissheit. Doch sie schenkt Tiefe, Vertrauen und Authentizität. Sie macht deutlich: Du bist nicht allein. Deine Wirklichkeit zählt. Deine Stimme hat Gewicht. Und genau in dieser Erfahrung beginnt oft ein Wandlungsprozess, leise, aber nachhaltig. Die bewusste Unterscheidung zwischen Worten, die öffnen, und solchen, die blockieren, ist kein theoretisches Konzept. Sie ist gelebte Beziehungsethik. Es geht darum, mit Sprache nicht zu verletzen, nicht zu entmündigen, nicht zu verschließen, sondern mit Sprache zu begleiten, zu verstehen, zu ermutigen. Die feinfühlige Wahl unserer Worte kann zu einem inneren Kompass werden, der uns hilft, im Gespräch das Menschliche zu bewahren. Denn das ist es, worum es letztlich geht: um das Menschsein im Miteinander.

Worte, die öffnen, sind nicht immer schön. Aber sie sind wahrhaftig. Sie entziehen sich der Manipulation, weil sie sich an das Echte wenden. An das, was berührt, was verbindet, was trägt. Sie sind nicht Mittel zum Zweck, sondern Ausdruck von Beziehung. Und in dieser Ausdruckskraft liegt ihr tiefstes Potenzial: Sie gestalten Welt. Nicht im großen, lauten Stil. Sondern in der stillen, achtsamen, aufrichtigen Geste des Sprechens, das nicht trennt, sondern zusammenführt.

Und vielleicht ist das die eigentliche Kunst heilsamer Sprache: zu erkennen, wann ein Wort eine Tür öffnet, und wann es Zeit ist, sie nicht zu schließen.

Worte, die trösten

Wenn Menschen in eine Krise geraten, gerät oft nicht nur ihre äußere Ordnung ins Wanken, sondern auch ihre innere Sprache. Vertraute Begriffe verlieren an Bedeutung. Sicher geglaubte Erklärungen verblassen. Das, was bisher Orientierung gab, löst sich auf. In solchen Momenten braucht es Worte, die mehr sind als Information. Worte, die tragen, ohne zu drücken. Worte, die Halt geben, ohne zu vereinnahmen. Worte, die trösten, ohne die Tiefe des Erlebten zu verleugnen.

Sprache in Krisenzeiten darf leise sein. Sie muss nicht alles benennen, erklären oder lösen. Vielmehr lebt sie vom Zuhören, vom Mitgehen, vom Zulassen. Sie entsteht im Innehalten, im behutsamen Tasten nach dem, was gerade sagbar ist. Und manchmal auch in der ehrlichen Anerkennung dessen, was noch keinen Ausdruck findet. Eine schweigende Gegenwart, die nicht ausweicht, kann mehr sagen als ein gut gemeinter Ratschlag.

In der Begleitung von Menschen in Krisen zeigt sich, wie feinsinnig Sprache wirken kann. Ein unbedachtes Wort kann verletzen. Ein Satz, der zu früh Klarheit verspricht, kann das Gefühl vermitteln, nicht verstanden zu werden. Wer helfen will, muss nicht sofort Antworten geben, sondern einen Raum eröffnen, in dem Unsicherheit da sein darf. In diesem Raum wird Sprache zum Begleiter, nicht zum Dirigenten.

Es ist hilfreich, sich in solchen Situationen einer Sprache zu bedienen, die offen bleibt. Statt „Das wird schon wieder" zu sagen, kann man äußern: „Ich bin da, auch wenn ich nicht weiß, was jetzt richtig ist." Statt Trostformeln wie „Andere haben das auch durchgestanden" zu verwenden, kann es stärkender wirken, zu sagen: „Es tut weh, und ich sehe, wie schwer es gerade ist." Diese Art des Sprechens würdigt das individuelle Erleben und stellt keine Vergleiche an.

In Krisensituationen sind viele Menschen besonders sensibel für Zwischentöne. Die innere Aufgewühltheit lässt Sprache oft direkter wirken. Daher braucht es Worte, die nicht bagatellisieren, sondern mitschwingen. Es braucht eine Haltung, die sich nicht in Sicherheit flüchtet, sondern das Aushalten des Ungewissen mitträgt. Gerade dort, wo Ohnmacht spürbar wird, kann eine ruhige, klare Sprache Boden geben. Nicht, weil sie Lösungen parat hält, sondern weil sie Orientierung anbietet.

Heilsame Sprache in der Krise bedeutet nicht, immer die richtigen Worte zu finden. Sie bedeutet, sich der Wirkung der Worte bewusst zu sein. Es geht darum, dem Schmerz nicht auszuweichen, ihn aber auch nicht zu verstärken. Sprache wird zur Brücke zwischen dem inneren Chaos und einem möglichen Neubeginn. Wer in der Krise sprachlich begleitet, steht oft an der Grenze zwischen Verstummen und Sprechen. Dort entscheidet sich, ob ein Mensch sich gesehen und gehalten fühlt oder ob er sich noch tiefer in die Sprachlosigkeit zurückzieht.

Wichtig ist dabei auch, sprachlich klar zu bleiben. Vage Aussagen, leere Phrasen oder komplizierte Erklärungen erzeugen eher Unsicherheit. Eine einfache, wertschätzende Sprache vermittelt hingegen Verlässlichkeit. Sätze wie „Ich bleibe bei dir" oder „Du musst das nicht allein tragen" können mehr bewirken als jede wohlüberlegte Analyse. Sie geben Halt, ohne etwas vorwegzunehmen, und lassen Raum für den eigenen Prozess.

In akuten Krisen können Worte zur ersten Form von Stabilisierung werden. Ein einziger Satz, der Sicherheit vermittelt, kann einen Anker bilden. Dieser Satz muss nicht perfekt sein. Er muss echt sein. Echtheit ist in der Krisenkommunikation oft entscheidender als sprachliche Eleganz. Denn sie schafft Vertrauen, und Vertrauen ist das Fundament jeder heilsamen Beziehung.

Sprache in Krisenzeiten braucht Geduld. Sie folgt nicht einem Plan, sondern dem inneren Rhythmus des Menschen, der gerade erschüttert wurde. Sie passt sich an, ohne sich zu verbiegen. Sie kann stark und zart zugleich sein. Und manchmal besteht ihre größte Kraft darin, nicht zu verletzen, nicht zu beschwichtigen, sondern einfach da zu sein.

Diese Art von Sprachbegleitung ist ein Übungsfeld der Empathie. Sie verlangt nicht nur ein feines Gespür für das Gegenüber, sondern auch die Bereitschaft zur Selbstzurücknahme. Wer achtsam spricht, verzichtet auf schnelle Lösungen und verlässt sich stattdessen auf das stille Vertrauen in die innere Bewegung der betroffenen Person. Es ist ein Sprechen ohne Drängen, ein Sprechen aus dem Mitfühlen heraus.

In der Krisenkommunikation gewinnen auch die nonverbalen Elemente an Bedeutung. Der Tonfall, der Rhythmus der Sprache, die Länge einer Pause zwischen zwei Sätzen, all das wirkt mit. In dieser feinen Abstimmung liegt eine stille Form des Mittragens. Sie vermittelt: Ich bin hier, ich höre, ich halte aus. Das Gegenüber spürt, dass es keine fertige Antwort braucht, um gehört zu werden. Dieses Erleben kann stärkender sein als jede Lösung.

Auch Metaphern können in der Krisensprache hilfreich sein, solange sie behutsam eingesetzt werden. Sie schaffen innere Bilder, die Orientierung geben können, ohne zu eng zu sein. Wenn jemand sich fühlt wie in einem dunklen Tunnel, kann das Bild eines kleinen Lichts in der Ferne Hoffnung schenken. Wichtig ist, dass solche Bilder nicht aufgedrängt werden, sondern aus dem Gesagten der betroffenen Person selbst erwachsen oder sich sanft anbieten.

In manchen Momenten ist es hilfreich, gemeinsam Worte zu suchen. Es kann entlastend sein, dem sprachlosen Zustand Raum zu geben und zu sagen: „Vielleicht fehlen gerade die Worte, und das ist in Ordnung." Diese Erlaubnis zur Sprachlosigkeit ist in sich schon ein Halt. Denn sie respektiert, dass Sprache manchmal erst langsam zurückkehrt, so wie ein Vogel, der sich erst dann zeigt, wenn die Umgebung ruhig und sicher genug ist.

Diese Sprachlosigkeit ist oft kein Mangel, sondern Ausdruck tiefer innerer Prozesse. In ihr arbeitet etwas unter der Oberfläche, sucht nach Sinn, nach Orientierung, nach einem neuen Ausdruck. Wer diesen Zustand nicht

bewertet, sondern liebevoll begleitet, kann dem sprachlosen Menschen ein Gefühl der Sicherheit vermitteln. In
solchen Momenten ist die Qualität der Beziehung entscheidender als der Inhalt der Worte.

Manchmal genügt ein sanftes Nachfragen wie „Soll ich
einfach noch ein wenig bei dir bleiben?" oder ein stilles,
gemeinsames Verweilen in der Erfahrung, ohne sie sofort benennen zu müssen. Das gemeinsame Schweigen
kann zu einem heilsamen Raum werden, in dem sich
langsam wieder Worte formen dürfen, vorsichtig, tastend, ehrlich. Der Versuch, diesen Prozess zu beschleu-
nigen, kann hingegen den inneren Zugang wieder verschließen.

Wenn Worte schließlich zurückkehren, geschieht dies
nicht selten auf neue Weise. Sie tragen dann Spuren des
Erlebten in sich, sind oft einfacher, ehrlicher, existenzi-
eller. Diese Sprache ist nicht gemacht, sondern geboren.
Und wer ihr lauscht, erkennt darin etwas Kostbares: den
Mut, sich erneut mitzuteilen, trotz allem. Genau hier
zeigt sich, wie tief Sprache mit Vertrauen verwoben ist.
Vertrauen, dass das eigene Innere gehört wird, auch
wenn es zuerst keinen Klang findet.

Wer sich auf diesen Weg einlässt, entdeckt eine besondere Qualität der Sprache. Sie wird zu einer stillen Begleiterin. Nicht aufdringlich, nicht allwissend, sondern
präsent. Sie fragt nicht: Wie bringe ich dich zum Funkti-
onieren? Sondern: Wie kann ich dir beistehen, bis du
wieder Boden unter den Füßen spürst?

Und genau in dieser leisen Präsenz liegt die Kraft, die Sprache in Krisen so besonders macht. Sie trägt, ohne zu ziehen. Sie hält, ohne zu fesseln. Sie lässt offen, was offenbleiben muss. Und sie erinnert daran, dass nicht jede Krise sofort eine Antwort braucht, manchmal genügt ein Mensch, der achtsam spricht und noch achtsamer zuhört.

Diese achtsame Begleitung durch Sprache kann in tiefer Not zum Wendepunkt werden. Sie öffnet die Möglichkeit, sich im eigenen Schmerz nicht allein zu fühlen. Gerade weil Sprache in Krisenzeiten so verletzlich ist, braucht es ein Gegenüber, das mit dem Gesagten sorgsam umgeht, das Worte nicht bewertet, sondern aufnimmt und einbettet. Dieses Einbettungserleben schenkt Halt: Der eigene Ausdruck verliert sich nicht im Raum, sondern findet Resonanz.

Oft sind es kleine sprachliche Gesten, die große Wirkung entfalten. Ein leises „Ich bin bei dir", ein ernst gemeintes „Du darfst so fühlen, wie du fühlst", ein schlichtes „Ich sehe dich" - diese Worte brauchen keinen Glanz. Sie wirken, weil sie echt sind. Sie bieten keine Lösung an, aber sie verhindern das Gefühl, mit dem eigenen Erleben allein zu sein.

Ein weiterer wichtiger Aspekt ist die zeitliche Dimension. Heilsame Sprache in Krisenzeiten nimmt sich Zeit. Sie eilt nicht voraus, sie wartet, sie bleibt. In dieser Verlangsamung entsteht ein Raum, in dem Menschen sich sortieren, neu spüren und schließlich ausdrücken können. Wer in diesen Raum hinein spricht, tut gut daran, bewusst auf Sprache zu achten, die nicht interpretiert, nicht rechtfertigt, nicht drängt. Stattdessen kann sie beschreiben, anerkennen, fragen: „Wie fühlt sich das für dich gerade an?" oder „Was brauchst du im Moment?" Diese Fragen sind nicht nur sprachlich klärend, sie schenken Selbstwirksamkeit.

Die Einbettung des inneren Erlebens in Sprache ist ein Prozess. Krisen bringen das Selbstbild ins Wanken, verschieben vertraute Bedeutungen. Sprache kann dabei helfen, diese Verschiebung nicht als Zerstörung, sondern als Öffnung für Neues zu begreifen. Wer begleitet, kann mit seinen Worten ein neues Narrativ mitgestalten: nicht durch Vorgaben, sondern durch das feine Weben eines Rahmens, in dem sich die Betroffenen selbst neu erzählen lernen.

Gerade wenn die Welt im Inneren zerbrochen scheint, sind es oft Worte, die die ersten Bausteine für eine neue Ordnung legen. Diese Worte sind leise, tastend, behutsam. Sie tragen eine große Verantwortung, denn sie geben Form, wo vorher Chaos war. Und sie geben Hoffnung, wo Dunkelheit herrschte, nicht durch Versprechen, sondern durch Anwesenheit, durch Aufrichtigkeit, durch die Bereitschaft, ein Stück des Weges mitzugehen.

So wird Sprache in der Krise zu mehr als einem Kommunikationsmittel. Sie wird zu einem Beziehungsraum, zu einer Brücke, zu einem Halt, der manchmal wortlos beginnt und trotzdem tief wirkt. Wer gelernt hat, in diesen Raum hineinzuhorchen, wird spüren, welche Worte gerade gebraucht werden oder wann das mutige Schweigen das Richtige ist.

Denn manchmal ist es gerade dieses stille Dasein, das den größten Trost spendet. Nicht das Reden, sondern das Mitfühlen. Nicht die Lösung, sondern das gemeinsame Tragen des Unerträglichen. Und manchmal genügt ein einziger ehrlicher Satz, um einen neuen Atemzug zu ermöglichen, einen Moment, in dem sich das Leben wieder leise zurückmeldet.

Worte finden bei Trauer, Angst, Wut und Ohnmacht

Die großen Gefühle, die uns in Zeiten tiefster Erschütterung erfassen, brauchen eine Sprache, die weder beschwichtigt noch vereinfacht. Trauer, Angst, Wut und Ohnmacht stellen unsere gewohnten Ausdrucksformen infrage. Sie brechen mit dem Erwartbaren, fordern heraus, machen sprachlos, und doch sehnen sich viele Menschen in solchen Momenten danach, verstanden zu werden. Sprache kann in diesen Zuständen wie ein Seismograf wirken: tastend, feinsinnig, der Tiefe lauschend. Sie kann Halt geben, Resonanz schenken, Verbindung ermöglichen. Vorausgesetzt, sie urteilt nicht. Vorausgesetzt, sie bleibt offen für das, was in seiner ganzen Komplexität erscheinen will.

Trauer ist mehr als ein Gefühl. Sie ist ein Zustand, eine Landschaft, die oft still und weit ist. Worte, die Trauer begegnen, dürfen leise sein. Sie brauchen keine Erklärungen, keine Aufmunterung, keine Eile. Vielmehr dürfen sie einfach da sein, als Zeichen von Mitgefühl, als Brücke, die den trauernden Menschen nicht allein lässt. „Ich weiß nicht, was ich sagen soll, aber ich bin da" kann heilsamer sein als jedes Trostwort. Sprache, die Trauer begleitet, lässt den Schmerz gelten. Sie versucht nicht, ihn wegzumachen, sondern anerkennt ihn als Ausdruck von Liebe und Verlust.

Trauer verläuft nicht linear. Sie kommt in Wellen, mal laut, mal leise, manchmal überwältigend und dann wieder kaum spürbar. In dieser Unvorhersehbarkeit liegt eine große Herausforderung auch für die Sprache. Denn wie lässt sich etwas begleiten, das sich ständig wandelt? Die Antwort liegt im Lauschen. Nicht nur auf Worte, sondern auch auf das, was unausgesprochen bleibt. Auf den Blick, der sich senkt, auf das leise Zittern in der Stimme, auf die Pausen, in denen die Erinnerung Raum nimmt.

Wer mit trauernden Menschen spricht, darf sich erlauben, selbst berührbar zu sein. Nicht als Ausdruck von Schwäche, sondern als Zeichen menschlicher Nähe. Sätze wie „Ich merke, wie sehr dich das bewegt" oder „Darf ich bei dir sitzen?" sind einfache, aber kraftvolle Angebote. Sie geben keinen Rat, sie öffnen keine Lösung aber sie öffnen Herzräume. Und genau das wird oft gebraucht: ein Raum, in dem alles da sein darf, ohne bewertet zu werden.

Auch Rituale können in der Sprache Platz finden. Ein gemeinsames Erinnern, das Aussprechen des Namens eines verstorbenen Menschen, das Erzählen kleiner Anekdoten, all das sind sprachliche Akte des Würdigens. Sie machen das Unsichtbare wieder sichtbar, das Verlorene wieder spürbar. Und sie helfen, den inneren Faden nicht abreißen zu lassen. Worte, die sich diesem Erinnern widmen, können wie Anker wirken in einem Meer von Emotionen.

Trauer verändert Menschen. Sie verändert ihre Sprache, ihre Wahrnehmung, ihren Blick auf das Leben. Wer Trauer begleitet, muss sich darauf einstellen, dass Worte manchmal nicht ausreichen. Dass sie vielleicht nur der Anfang sind für eine Begegnung, die in der Tiefe stattfindet, jenseits von Formulierungen, in der stillen Gegenwart eines mitfühlenden Menschen. Und doch sind es gerade diese kleinen Worte, gesprochen mit Achtsamkeit und echter Zuwendung, die in der Dunkelheit der Trauer wie ein Licht wirken können: leise, behutsam, aber von tiefer Wirkung.

Angst wiederum verlangt nach einer Sprache, die Sicherheit vermittelt, ohne zu bagatellisieren. Sie möchte gehalten werden, nicht entkräftet. Ein schlichtes „Du bist nicht allein mit deiner Angst" kann eine immense Wirkung entfalten. Es braucht keine Beruhigungssätze, sondern ein sprachliches Gegenüber, das präsent bleibt, auch wenn das Unbekannte Raum gewinnt. Angst will nicht übergangen, sondern gesehen werden. Sprache wird hier zu einem Licht, das nicht blendet, sondern Orientierung gibt. Angst spricht eine eigene Sprache, die nicht immer mit klaren Worten beginnt. Oft drückt sie sich über Körpersymptome, über innere Unruhe oder über das Bedürfnis nach Rückzug aus. Wer ihr achtsam begegnen möchte, braucht Geduld und ein Gespür für Zwischentöne. Ein offener Blick, ein langsames Tempo, ein Raum, in dem Fragen nicht sofort beantwortet werden müssen, all das schafft Bedingungen, unter denen sich Angst wandeln darf. Sprache kann in diesem Prozess wie ein Anker wirken: durch klare, ruhige Worte, die nichts fordern, sondern begleiten.

Dabei ist es entscheidend, nicht in die Falle der funktionalen Kommunikation zu tappen. Angst lässt sich nicht weg reden. Wer versucht, sie zu übergehen, erreicht oft das Gegenteil: Rückzug, Verstummen, innere Verhärtung. Stattdessen kann es hilfreich sein, sich mit der Angst hinzusetzen, bildlich gesprochen, und ihr zuzuhören. Was will sie sagen? Was braucht sie? Solche Fragen öffnen Räume, in denen das Gefühl nicht bewertet, sondern gewürdigt wird.

Ein weiterer Aspekt ist die Sprache über den Körper. Viele Menschen spüren ihre Angst zuerst körperlich: als Enge im Brustkorb, als Kältewelle, als Rastlosigkeit. Hier können Worte helfen, das Spürbare zu benennen. „Wie fühlt sich das gerade in deinem Körper an?" oder „Gibt es einen Ort in dir, der gerade etwas mehr Ruhe spürt?" , solche Fragen lenken die Aufmerksamkeit behutsam in Richtung Selbstwahrnehmung, ohne zu überfordern. Sie helfen, ein inneres Gleichgewicht wiederzufinden.

Und schließlich braucht Sprache in der Angst nicht nur Präsenz, sondern auch Vertrauen. Vertrauen in das Gegenüber, dass es bleibt. Vertrauen in sich selbst, dass das Gefühl vorübergeht. Und Vertrauen in das Leben, dass es auch in der Dunkelheit eine Richtung kennt. Worte, die dieses Vertrauen nähren, sind nicht groß oder laut. Sie sind schlicht, warm, und sie sagen: „Ich bin hier, mit dir."

Wut ist oft laut, manchmal roh. Doch hinter ihr liegt nicht selten eine tiefe Verletzung, ein nicht gehörtes Bedürfnis. Sie zeigt sich häufig dort, wo Menschen sich machtlos, ungesehen oder ohnmächtig fühlen. Wut kann ein Ruf nach Autonomie sein, nach Gerechtigkeit, nach Anerkennung. Wer wütende Menschen sprachlich begleiten möchte, braucht Mut zur Klarheit und zur Haltung. Es geht nicht darum, Wut zu rechtfertigen oder zu dämpfen, sondern darum, ihr Raum zu geben, ohne zu verletzen.

Sprache kann in solchen Momenten wie ein Geländer wirken. Sie strukturiert, sie hält, sie verlangsamt. Ein Satz wie „Ich spüre, wie viel Kraft in deinem Ärger liegt. Magst du mir mehr erzählen?" lädt ein zur Selbstbeobachtung, ohne abzuwerten. Er eröffnet ein Gegenüber, das präsent ist und nicht zurückweicht. Solche Worte wirken deeskalierend, weil sie nicht konfrontieren, sondern spiegeln. Sie laden zur Reflexion ein und eröffnen neue Ebenen der Begegnung.

Wut verlangt von der begleitenden Person ein hohes Maß an Selbstklärung. Sie provoziert, sie fordert heraus, sie kann leicht Widerstand oder Angst auslösen. Umso wichtiger ist es, innerlich klar zu bleiben und die eigenen Grenzen zu kennen. Eine Sprache, die ruhig bleibt, aber nicht unterwürfig wird, kann hier wie ein Katalysator wirken. Sie macht das Gespräch möglich, das sonst vielleicht abgebrochen würde. In einem professionellen oder persönlichen Kontext kann es hilfreich sein, den eigenen inneren Reaktionen auf Wut bewusst zu begegnen, bevor man spricht. Diese Selbstbeobachtung ermöglicht eine Sprache, die nicht reaktiv, sondern haltend und klärend wirkt.

Wichtig ist es, die unterschiedlichen Formen von Wut zu unterscheiden: konstruktive, nach außen gerichtete Wut, die auf Veränderung abzielt, und destruktive, verletzende Wut, die andere Menschen angreift. Beide brauchen unterschiedliche sprachliche Haltungen. Während die eine durch gezielte Fragen und Bestärkung in konstruktive Bahnen gelenkt werden kann, erfordert die andere klare Grenzen und Schutz, sowohl für das Gegenüber als auch für sich selbst.

In der professionellen Begleitung, ob Beratung, Therapie oder pädagogisches Setting, kann es hilfreich sein, die Wut nicht sofort als Problem zu sehen, sondern als wertvollen Hinweis auf eine gestörte Balance. Sie zeigt, wo Bedürfnisse lange nicht wahrgenommen wurden. In diesem Sinne ist sie eine Energie, die, wenn achtsam begleitet, wieder ins Fließen gebracht werden kann. Worte, die dies ermöglichen, anerkennen die Emotion, ohne sie zu dramatisieren. Eine solche Sprache achtet auf ihre Form: Sie ist konkret, respektvoll, einladend. Sie versucht nicht, zu beruhigen oder zu relativieren, sondern vermittelt Zugewandtheit und Struktur.

Nicht selten ist Wut auch mit anderen Gefühlen verwoben, etwa mit Trauer, Enttäuschung oder Scham. Hier lohnt es sich, mit der Sprache tiefer zu graben: „Gibt es etwas, das dich besonders getroffen hat?" oder „Was liegt unter dem Ärger?" sind Fragen, die zur Quelle führen. Denn hinter der Wut verbirgt sich oft der Wunsch, gesehen, verstanden und respektiert zu werden. Diese Fragen müssen nicht sofort beantwortet werden, aber sie öffnen den inneren Raum und schaffen eine Verbindung zu jenen Anteilen, die verletzt oder übergangen wurden. Sprache kann diesen inneren Kern sichtbar machen. Sie kann helfen, sich selbst zu verstehen und dadurch wieder Anschluss an das eigene Fühlen zu finden. Sie kann dazu beitragen, die Kraft der Wut nicht gegen sich oder andere zu richten, sondern in eine konstruktive Bewegung umzuwandeln. Wenn dies gelingt, wird Wut nicht zum zerstörerischen Feuer, sondern zur wärmenden Glut, die Veränderung ermöglicht. Sie bleibt kraftvoll, aber nicht gefährlich. Sie wird gestaltbar, weil sie in Sprache gefasst wurde, einer Sprache, die nicht entwertet, sondern spiegelt, klärt und stärkt.

Und dann ist da die Ohnmacht, jene Erfahrung, die sich oft in Sprachlosigkeit zeigt. Nichts scheint mehr Sinn zu ergeben, keine Worte passen. Die Welt verliert ihre Konturen, das Innere wird schwer und leer zugleich. In solchen Momenten geht es nicht darum, sofort Sprache zu finden. Es geht darum, das Verstummen zu achten. Denn dieses Schweigen ist nicht leer, es ist angefüllt mit Empfindungen, die noch keine Form gefunden haben. Wer dennoch spricht, tut gut daran, vorsichtig zu sein. Jedes Wort sollte wie eine Einladung klingen, nicht wie eine Forderung. „Ich weiß, dass gerade vieles schwer ist. Du musst nicht stark sein" kann ein erster Schritt zurück zur Sprache sein. Ohnmacht braucht keine schnellen Lösungen. Sie braucht das Gefühl, gehalten zu sein, ohne Erwartungen erfüllen zu müssen.

Die Sprache in der Ohnmacht darf unperfekt sein. Sie darf zögern, sich tasten, Pausen zulassen. Gerade diese Unvollkommenheit schafft Nähe. Wer sprachlich begleitet, darf sich erlauben, Unsicherheit zu zeigen. Ein leises „Ich weiß auch nicht genau, was jetzt hilft, aber ich bleibe hier" hat oft mehr Wirkung als ein wohlformulierter Trost. In der Ohnmacht zählt nicht das, was gesagt wird, sondern wie es gesagt wird: behutsam, wahrhaftig, zugewandt.

Manchmal braucht es auch nonverbale Sprache. Ein stilles Sitzen, ein achtsamer Blick, eine Geste der Verbundenheit, können mehr sagen als Worte. In solchen Momenten wird Sprache zu einem Beziehungsraum, der weit über das Gesagte hinausreicht. Wer Ohnmacht begleitet, wird sensibel für das, was zwischen den Worten entsteht. Die Stille wird zur Verbündeten, nicht zur Bedrohung.

Und schließlich braucht es Geduld. Ohnmacht ist nicht planbar. Sie vergeht nicht auf Knopfdruck. Doch wenn sie sich gesehen fühlt, wenn sie Raum bekommt, kann sich langsam eine neue Sprache entwickeln. Eine Sprache, die nicht erklärt, sondern beschreibt. Die nicht belehrt, sondern bezeugt. Die sagt: Ich sehe dich, genauso, wie du jetzt bist. Und ich bin bei dir.

Diese vier Erfahrungen, Trauer, Angst, Wut und Ohnmacht, stellen an die Sprache höchste Anforderungen. Sie fordern eine Haltung der Offenheit, der Demut, der Zugewandtheit. Wer Worte findet, die nicht beschneiden, sondern weiten, die nicht fesseln, sondern begleiten, wird erleben, wie Sprache heilen kann. Nicht durch Perfektion, sondern durch Echtheit. Nicht durch Wissen, sondern durch Mitfühlen.

Sprache in emotionalen Ausnahmesituationen verlangt vor allem eines: Präsenz. Es braucht den Mut, sich dem Schmerz des anderen nicht zu entziehen, sondern ihn mit auszuhalten. In dieser geteilten Erfahrung kann sich etwas wandeln. Nicht weil die Gefühle kleiner werden, sondern weil sie einen Ort finden, an dem sie sein dürfen. Worte werden dann nicht zu Werkzeugen der Veränderung, sondern zu Gefährten auf einem inneren Weg. Und genau darin liegt ihre Kraft.

Heilsame Satzbausteine entwickeln

Sprache entfaltet ihre Wirkung nicht nur durch die großen Gedanken oder die tiefgründigen Inhalte. Oft sind
es die kleinen, alltäglichen Formulierungen, die Bausteine unserer Sätze, die darüber entscheiden, ob Worte
als unterstützend, verbindend oder heilsam empfunden
werden. Gerade in sensiblen Kontexten wie Beratung,
Pädagogik, Therapie oder auch im zwischenmenschlichen Alltag ist es entscheidend, wie ein Satz aufgebaut
ist, welche Wortwahl getroffen wird und welche Haltung
sich darin ausdrückt.

Ein heilsamer Satz beginnt nicht bei der Grammatik, sondern bei der inneren Haltung. Wer mit Mitgefühl, Offenheit und Achtsamkeit spricht, wird dies auch in der
sprachlichen Form zum Ausdruck bringen. Dennoch gibt
es konkrete sprachliche Elemente, die sich in der Praxis
bewährt haben. Sie lassen sich als Satzbausteine verstehen, als stabile, wiederverwendbare Strukturen, die Orientierung geben und zugleich individuell angepasst werden können.

Ein erster hilfreicher Satzbaustein ist der anerkennende
Einstieg. Hier geht es darum, dem Gegenüber zu zeigen:
Ich sehe dich, ich nehme wahr, was in dir geschieht. Bei-
spiele dafür sind:

- „Es klingt, als wäre das gerade sehr viel für dich."
- „Ich merke, wie bewegt dich das macht."
- „Du erzählst davon mit so viel Gefühl, das berührt
  mich."

Diese Einstiege wirken wie eine Türöffnung. Sie laden dazu ein, weiterzusprechen. Sie sind frei von Urteil, frei von Interpretation, und bringen dennoch Präsenz und Resonanz zum Ausdruck.

Ein zweiter wichtiger Baustein ist der Raum gebende Satz. Hier geht es darum, keine vorschnellen Antworten zu liefern, sondern die innere Welt des Gegenübers zu achten. Formulierungen wie:

- „Magst du mehr erzählen?"
- „Wie fühlt sich das für dich an?"
- „Was ist dir in dem Moment besonders wichtig gewesen?"

Solche Fragen laden zur Selbstreflexion ein, ohne zu analysieren. Sie machen deutlich: Ich höre dir nicht nur zu, ich traue dir auch zu, dich selbst besser zu verstehen.

Ein weiterer Baustein ist der stabilisierende Satz. Er kommt vor allem dann zum Einsatz, wenn Gefühle überhandzunehmen drohen oder wenn die Situation als belastend erlebt wird. Hier geht es nicht um Beruhigung, sondern um das Angebot von Sicherheit und Orientierung:

- „Du musst gerade gar nichts tun. Wir sind einfach hier."
- „Du darfst dir Zeit lassen."
- „Es ist okay, dass alles gerade durcheinander ist."

Diese Sätze wirken wie ein verbaler Anker. Sie helfen, wieder Boden unter den Füßen zu spüren, ohne etwas zu relativieren oder zu entwerten.

Heilsame Satzbausteine können auch darin bestehen, Sprachlosigkeit zu würdigen. In schwierigen Momenten fehlen oft die Worte, das gilt sowohl für die sprechende Person als auch für das Gegenüber. In solchen Situationen sind Sätze wie:

- „Ich bin da, auch wenn gerade keine Worte passen."
- „Es muss nichts gesagt werden, ich höre auch in der Stille."
- „Wir können einen Moment einfach gemeinsam still sein."

Diese Formulierungen geben der Sprachlosigkeit einen Platz. Sie machen deutlich: Auch Schweigen darf sein. Auch das Nicht-Wissen ist Teil des gemeinsamen Prozesses.

Darüber hinaus ist es hilfreich, in der Sprache bewusst Vermeidungsmuster zu durchbrechen. Viele Menschen neigen in schwierigen Gesprächen dazu, auszuweichen, abzulenken oder durch Phrasen Nähe zu vermeiden. Heilsame Sprache hingegen stellt echte Verbindung her. Das gelingt durch konkrete, persönliche Sprache. Sätze wie:

- „Ich weiß nicht, was das mit dir macht, aber ich möchte es verstehen."

- „Das geht mir nahe, und ich will dir trotzdem zuhören."
- „Es ist nicht leicht, aber ich möchte, dass du dich gesehen fühlst."

Solche Sätze sind mutig. Sie zeigen eine Haltung der Zugewandtheit und Ehrlichkeit. Sie sind nicht perfekt, aber sie sind echt, und genau das macht sie heilsam.

Ein weiterer konkreter Tipp ist es, mit Ich-Botschaften zu arbeiten. Anstatt zu sagen: „Man sollte da ruhig bleiben", ist es kraftvoller, zu sagen: „Ich versuche, ruhig zu bleiben und da zu sein." Diese Form der Sprache vermeidet Verallgemeinerungen und bleibt persönlich. Sie macht klar, dass Begegnung und Beziehung immer zwischen zwei Individuen geschieht, nicht zwischen abstrakten Rollen oder Prinzipien.

Auch in der Begleitung von Konflikten können heilsame Satzbausteine Brücken bauen. Hier geht es oft darum, Differenz anzuerkennen und trotzdem in Verbindung zu bleiben. Sätze wie:

- „Ich sehe, dass du das anders erlebst, und ich möchte dich trotzdem verstehen."
- „Es gibt unterschiedliche Sichtweisen, und das ist in Ordnung."
- „Lass uns gemeinsam schauen, was uns beide gerade beschäftigt."

Diese Sätze öffnen Räume für Austausch. Sie vermeiden Rechthaberei und fördern Dialogbereitschaft.

Heilsame Sprache bedeutet nicht, immer die richtigen Worte zu finden. Vielmehr bedeutet sie, in Beziehung zu bleiben, auch dort, wo es schwierig wird. Die beschriebenen Satzbausteine sind keine Patentrezepte. Aber sie sind wie sprachliche Werkzeuge, die helfen können, in belastenden, heiklen oder emotional dichten Situationen nicht sprachlos zu bleiben. Sie geben Halt, fördern Verständigung und können dabei unterstützen, dass sich innere Prozesse entfalten.

Ein letztes, aber zentrales Element heilsamer Satzbausteine ist das Benennen von Beziehung. Gerade im professionellen Kontext wird das oft vergessen. Doch Sprache, die Beziehung sichtbar macht, wirkt verbindend und stärkend. Sätze wie:

- „Mir ist unsere Zusammenarbeit wichtig."
- „Ich schätze es, dass du dich mir anvertraust."
- „Ich spüre, dass wir gemeinsam auf dem Weg sind."

Diese Worte bauen Vertrauen auf. Sie zeigen, dass zwischen den Menschen etwas geschieht, das mehr ist als ein Austausch von Informationen. Sie machen sichtbar, dass Sprache Beziehung gestaltet, und genau darin liegt ihre größte Kraft.

Ein weiterer Zugang zur Entwicklung heilsamer Satzbausteine liegt in der bewussten Wortwahl. Jedes Wort trägt eine Bedeutungsschicht, einen Klang, eine Geschichte. Worte wie „müssen", „immer", „nie", „schnell" oder „normalerweise" tragen oft Druck in sich, setzen implizit Maßstäbe oder erzeugen Erwartungshaltungen.

Sie können in sensiblen Momenten als hinderlich erlebt werden, weil sie das, was sich zeigen will, in eine Form pressen, die gerade nicht passt. Daher lohnt es sich, genauer hinzusehen und Alternativen zu finden:

Anstelle von „Du musst das nicht tun" könnte man sagen: „Du kannst für dich entscheiden, was gerade stimmig ist."

Statt „Das ist normal" bietet sich an: „Viele erleben Ähnliches, und doch ist dein Erleben ganz einzigartig."

Anstelle von „Du solltest ..." kann formuliert werden: „Möchtest du gemeinsam überlegen, was hilfreich sein könnte?"

Solche Umschreibungen machen den Raum weiter. Sie geben Selbstwirksamkeit zurück, sie würdigen das subjektive Erleben und vermeiden Bewertungen. Heilsame Sprache nutzt Worte, die einladen, nicht festlegen. Sie formuliert Optionen, keine Anweisungen.

Hilfreich ist es auch, Satzbausteine mit einem achtsamen Blick auf Zeitstrukturen zu gestalten. Sprache, die über Gegenwart, Vergangenheit und Zukunft spricht, kann Orientierung geben, vorausgesetzt, sie verankert sich im Hier und Jetzt. Statt sich in Sorgen über Zukünftiges zu verlieren, kann Sprache Rückbindung bieten:

- „Im Moment bist du nicht allein."
- „Gerade jetzt dürfen alle Gefühle da sein."

- „Lass uns gemeinsam einen nächsten kleinen Schritt überlegen."

Diese Sätze wirken stabilisierend, weil sie den Fokus lenken: weg vom diffusen Gesamtbild, hin zu einem konkreten, gestaltbaren Moment. Sie helfen, innerlich wieder Handlungsspielraum zu gewinnen.

Ebenso wertvoll ist die Integration von Metaphern in heilsame Satzbausteine. Bilder sprechen das Unbewusste an. Sie berühren dort, wo rationale Sprache oft nicht mehr weiterkommt. Ein bildhafter Satz kann tief wirken:

- „Es klingt, als würdest du gerade in einer dichten Nebelwand stehen."
- „Vielleicht ist es wie ein Fluss, der sich seinen Weg sucht, und du bist mitten in dieser Bewegung."
- „Ich spüre, dass dein Inneres gerade wie ein stiller Raum ist, in dem viel geschieht."

Solche metaphorischen Wendungen helfen, Erlebtes anders zu sehen. Sie eröffnen neue Perspektiven, ohne etwas erklären zu wollen. Sie lassen Spielraum und regen inneres Weiterdenken an.

Nicht zuletzt ist auch der Tonfall ein sprachlicher Baustein. Selbst der beste Satz verliert seine Wirkung, wenn er belehrend, distanziert oder floskelhaft klingt. Heilsame Sprache lebt von Echtheit und Kongruenz. Sie entsteht nicht aus Lehrbuchwissen, sondern aus einer inneren Haltung des Respekts, der Nähe und der Resonanz.

Wer mit Herz spricht, berührt. Wer mit Präsenz spricht, schenkt Sicherheit. Wer mit Klarheit spricht, ermöglicht Orientierung.

Deshalb braucht das Entwickeln heilsamer Satzbausteine immer wieder die Rückbindung an sich selbst: Wie spreche ich? Was macht meine Sprache mit mir und mit dem Gegenüber? Wie viel Raum lasse ich offen? Wie viel Führung biete ich an? Diese Fragen führen zu einem bewussteren Sprachgebrauch. Und sie laden dazu ein, Sprache nicht als bloßes Werkzeug zu verstehen, sondern als Ausdruck eines inneren Weges.

Heilsame Satzbausteine sind keine fertigen Formeln. Sie wachsen mit der Erfahrung, mit der Achtsamkeit, mit dem Mut zur Offenheit. Sie entstehen im Gespräch, im Innehalten, im Lauschen. Wer sie kultiviert, schenkt nicht nur Worte, sondern Verbindung, Vertrauen und Menschlichkeit.

Um die eigene Fähigkeit zur Entwicklung solcher Sprache zu vertiefen, kann es hilfreich sein, eine Art inneres Repertoire zu pflegen. Dieses Repertoire umfasst nicht nur hilfreiche Formulierungen, sondern auch Erinnerungen an Gespräche, in denen Sprache etwas zum Guten gewendet hat. Es kann stärkend wirken, sich bewusst zu machen, in welchen Momenten ein einfacher Satz Nähe geschaffen oder ein unerwartetes Zuhören Vertrauen ermöglicht hat.

Solche bewussten Rückblicke sind eine Art Ressource. Sie helfen, im eigenen sprachlichen Handeln nicht nur spontan, sondern auch reflektiert zu sein. Ein inneres

Repertoire entwickelt sich durch achtsames Beobachten und durch die Bereitschaft, auch aus schwierigen Gesprächserfahrungen zu lernen. Was hat in einem Konfliktgespräch deeskaliert? Welcher Satz hat eine festgefahrene Situation gelöst? Wann wurde ein Mensch durch ein einfaches Wort sichtbar in seinem Schmerz?

Ein weiterer Aspekt ist die Schulung der eigenen Sprachsensibilität. Wer regelmäßig schreibt, laut liest oder sich im Gespräch selbst zuhört, entwickelt ein feineres Gefühl für Wirkung und Resonanz. Hierbei geht es nicht darum, jedes Wort zu kontrollieren, sondern darum, sich selbst besser kennenzulernen, als sprachlich wirkendes Wesen. Diese Selbstbeobachtung kann liebevoll geschehen, nicht kritisch, sondern forschend. Fragen wie: „Womit fühle ich mich stimmig?" oder „Wann höre ich mich selbst so sprechen, wie ich es mir wünsche?" helfen dabei, mehr Klarheit und Sicherheit im sprachlichen Ausdruck zu gewinnen.

Nicht zuletzt ist auch das soziale Umfeld ein Spiegel für heilsame Sprache. Im gemeinsamen Üben, im Austauschen über Sprache, im wechselseitigen Feedback liegt eine große Kraft. Gerade in professionellen Kontexten kann eine Kultur des sprachlichen Miteinanders entstehen, eine Atmosphäre, in der Worte nicht nur funktional, sondern wirklich verbindend wirken. Kolleg:innen, Teams, Supervisionen oder auch Lern- und Übungsgruppen können Räume dafür bieten.

Heilsame Satzbausteine leben von Authentizität, von Menschlichkeit, von dem Mut, sich nicht hinter Worthülsen zu verstecken. Sie verlangen nichts Perfektes, sondern etwas Echtes. Und manchmal braucht es nur einen einzigen Satz, ausgesprochen mit Herz, um einem Menschen das Gefühl zu geben, nicht allein zu sein.

Stille als heilsames Geschenk

Manche der wirksamsten Botschaften werden nicht ausgesprochen. Sie entstehen in der Stille, zwischen den Sätzen, im unausgesprochenen Raum zwischen zwei Menschen. In einer Welt, die oft von Geräuschen, Meinungen und Worten überflutet ist, erscheint Stille wie ein vergessenes Gut. Doch wer sich ihr anvertraut, entdeckt einen Raum, der tiefer wirkt als viele Worte es je könnten.

Stille ist nicht Leere. Sie ist gefüllt mit Aufmerksamkeit, mit Resonanz, mit Anwesenheit. In einem Gespräch kann ein Moment des Schweigens mehr bedeuten als ein ganzer Redeschwall. Es ist ein Moment, in dem das Gesagte nachhallen darf, in dem Gefühle Raum bekommen, sich zu zeigen. Gerade in sensiblen Situationen, wenn Menschen mit Trauer, Unsicherheit oder Wut ringen, ist die bewusste Stille ein Geschenk. Sie gibt dem Gegenüber das Gefühl, dass nichts erzwungen wird, dass Zeit da ist, dass die Tiefe ihres Erlebens respektiert wird.

In der professionellen Begleitung stellt sich oft die Frage: Wann ist es angebracht zu schweigen? Und wie hält man das eigene Unbehagen in der Stille aus? Denn Schweigen kann auch verunsichern. Es konfrontiert mit dem eigenen Bedürfnis, etwas sagen zu wollen, zu helfen, zu trösten. Doch gerade dann ist es hilfreich, sich daran zu erinnern: Es ist nicht immer unsere Aufgabe, etwas zu sagen. Oft ist es unsere Aufgabe, einfach da zu sein.

Stille wirkt heilsam, wenn sie nicht als Abwesenheit, sondern als präsente Haltung erlebt wird. Das bedeutet, innerlich wach zu bleiben, offen, zugewandt. Nicht mit dem Blick auf die Uhr, nicht mit dem Drang, die Situation zu kontrollieren, sondern mit einer inneren Haltung, die sagt: Du darfst einfach sein. Ich halte dich, auch ohne Worte.

Diese Art von Stille ist nicht passiv. Sie ist eine Form der aktiven Präsenz. Die innere Bereitschaft, jemandem Raum zu geben, ist spürbar. Und diese Bereitschaft wird nicht durch Worte, sondern durch Haltung vermittelt: durch einen weichen Blick, eine offene Körperhaltung, eine entspannte Atmung. Der andere spürt, dass er in diesem Moment nichts leisten, nichts erklären, nichts verstecken muss.

In der Praxis lässt sich Stille kultivieren. Das beginnt bei der eigenen Sprachgestaltung. Wer Pausen zulässt, wer bewusst langsamer spricht, wer das eigene Redebedürfnis zügeln kann, schafft Raum für Begegnung. Ebenso hilfreich ist es, sich selbst mit der Stille vertraut zu machen: in Meditation, beim achtsamen Gehen, im stillen Schreiben. Denn wer die Stille in sich kennt, kann sie auch mit anderen teilen.

Stille kann auch eine Form der Antwort sein. Wenn jemand etwas Schmerzhaftes sagt, das keine Worte verlangt, dann ist es vielleicht genau die Stille, die Würde verleiht. Ein schlichtes Nicken, ein bewusstes Atmen, ein Moment des gemeinsamen Schweigens kann tiefer wirken als jeder noch so gut gemeinte Satz.

Gleichzeitig ist Stille ein Beziehungsangebot. Sie sagt: Ich bin da. Ich halte das mit dir aus. Du bist nicht allein. Das macht sie so kraftvoll. Und so verletzlich. Denn wer schweigt, öffnet sich dem, was geschieht, ohne es zu steuern. Es braucht Mut, das auszuhalten. Doch in dieser Offenheit liegt die Möglichkeit, dass etwas Neues entstehen darf.

Wer lernt, der Stille zu vertrauen, wird sie als lebendigen Teil der Sprache erfahren. Sie ist kein Fehlen von Kommunikation, sondern eine andere Form von ihr. Eine, die in die Tiefe führt, die stärkt, die verbindet. Eine, die aus der Echtheit entsteht und in die Echtheit zurückführt. Sie lädt uns ein, mehr zu hören als zu sagen, mehr zu spüren als zu erklären.

Stille kann auch ein Spiegel sein. In ihr begegnen sich nicht nur zwei Menschen, sondern auch jede Person sich selbst. In der Stille hören wir unser eigenes Herz schlagen, unsere Gedanken ziehen, unsere Emotionen aufsteigen. Deshalb ist sie manchmal herausfordernd, sogar unangenehm. Aber gerade dann kann sie besonders fruchtbar sein. Denn was sich zeigt, darf betrachtet, gefühlt und gewürdigt werden.

In Gruppenprozessen, in Teams oder auch in der Pädagogik wird Stille oft gefürchtet. Dabei liegt in ihr eine enorme Kraft zur Selbstorganisation. Wenn eine Gruppe schweigt, geschieht innerlich oft viel. Gedanken ordnen sich, neue Einsichten entstehen. Wer in solchen Momenten nicht vorschnell interveniert, sondern das Entstehen innerer Bewegung abwartet, fördert kollektive Intelligenz.

Auch in der Konfliktbearbeitung kann Stille ein Wendepunkt sein. Nach aufgeladenen Aussagen oder emotionalen Ausbrüchen ermöglicht sie es allen Beteiligten, sich neu zu sammeln. Sie wirkt wie ein inneres Atemholen, ein Innehalten vor dem nächsten Schritt. Diese Form von Stille braucht Mut zur Unvollständigkeit. Sie lässt Ungeklärtes stehen und vertraut darauf, dass sich Klärung in der Zeit entwickeln darf.

In der stillen Präsenz liegt oft der größte Trost. Nicht, weil etwas gesagt wurde, sondern weil jemand geblieben ist. Ohne Floskeln, ohne Ratschläge. Einfach so, wie er oder sie ist. Genau das ist oft alles, was ein Mensch in schwierigen Zeiten braucht. Und vielleicht ist es auch alles, was Sprache im tiefsten Sinne leisten kann: Da sein. Bleiben. Mitfühlen.

Dialog mit dem inneren Beobachter

In jedem Menschen lebt eine stille Instanz, die beobachten kann, ohne zu bewerten. Es ist ein inneres Gegenüber, das uns hilft, in Kontakt mit dem zu kommen, was wirklich in uns lebendig ist. Diese innere Präsenz ist nicht kontrollierend, sondern mitfühlend. Sie öffnet Räume der Selbstwahrnehmung, aus denen heraus Worte mit größerer Bewusstheit und Verbundenheit entstehen können.

Bevor Worte ausgesprochen werden, entfalten sie bereits im Innern ihre Wirkung. Gedanken formen sich, Gefühle steigen auf, alte Prägungen melden sich zu Wort. Wenn wir in diesen Momenten innehalten und unserem inneren Erleben lauschen, kann daraus eine Sprache erwachsen, die klarer, ehrlicher und heilsamer ist. In der Stille vor dem Sprechen liegt eine Chance: die Möglichkeit, uns selbst zu begegnen, bevor wir in den Kontakt mit anderen treten.

Der innere Beobachter, oder vielleicht besser: der innere Begleiter, ist eine Haltung achtsamer Aufmerksamkeit. Es ist das freundliche Gewahrsein, das uns durchströmt, wenn wir nicht nur reagieren, sondern wirklich da sind. Diese Qualität von Gegenwärtigkeit lässt uns spüren, was gesagt werden will und was besser noch warten darf. Sie erlaubt es uns, in Resonanz zu treten, statt in Automatismen zu verfallen.

In Gesprächen, die unter Spannung stehen, ist dieser innere Begleiter besonders wertvoll. Statt sofort zu antworten, schenkt er uns einen Moment des Atmens, ein inneres Innehalten. Aus dieser kleinen Pause heraus kann sich eine neue Wahlmöglichkeit zeigen: Muss ich das wirklich sagen? Ist das jetzt hilfreich? Will ich in diesem Ton sprechen, oder anders?

Auch im Zuhören entfaltet diese innere Haltung ihre Kraft. Wer mit dem inneren Begleiter lauscht, hört nicht nur auf Worte, sondern auf Zwischentöne, auf Körpersprache, auf die Schwingung dahinter. Es ist ein Lauschen mit dem Herzen, das nicht analysiert, sondern mitfühlt. Diese Art des Zuhörens öffnet Perpektiven, in denen sich das Gegenüber wirklich gesehen und gehört fühlt.

Gerade in beratenden oder unterstützenden Gesprächen wirkt der innere Beobachter wie ein stiller Kompass. Er hilft, sich selbst nicht zu verlieren, auch wenn starke Emotionen auftauchen, bei der Gesprächspartner:in oder in uns selbst. Durch diese innere Orientierung entsteht eine Sprache, die Halt gibt, ohne zu vereinnahmen, die Klarheit bringt, ohne zu verletzen.

Diese innere Haltung kann kultiviert werden. Durch bewusste Pausen im Alltag, durch achtsames Schreiben, durch Meditation oder durch stille Reflexion nach einem Gespräch. Es geht nicht darum, perfekt zu sein, sondern offen und bereit. Bereit, sich selbst zu begegnen, und dem anderen aus dieser Begegnung heraus mit echtem Interesse zu begegnen.

Der innere Beobachter wird so zu einer Brücke zwischen dem inneren Erleben und dem äußeren Ausdruck. Er macht möglich, dass Worte nicht nur gesendet, sondern auch gespürt werden, von innen nach außen und zurück. Aus diesem Wechselspiel entsteht eine Kommunikation, die Verbindung stiftet, Nähe ermöglicht und Vertrauen wachsen lässt.

Und vielleicht ist das sein größter Wert: Er lehrt uns, dass gute Kommunikation nicht bei der Wahl der richtigen Worte beginnt, sondern bei der Bereitschaft, sich selbst zuzuhören. Wenn wir diesen Raum in uns kultivieren, dann wächst eine Sprache, die mehr ist als Information. Sie wird zum Ausdruck einer inneren Stimmigkeit. Sie berührt, weil sie echt ist.

Der Dialog mit dem inneren Beobachter kann auch eine tiefere spirituelle Dimension annehmen. In der Stille unseres inneren Raumes begegnen wir nicht nur uns selbst, sondern auch dem, was größer ist als wir. Manche nennen es Intuition, andere sprechen von innerer Weisheit oder Seelenwahrheit. In dieser Begegnung kann Sprache entstehen, die nicht nur verbindet, sondern auch führt. Sie ist nicht mehr bloß Ausdruck, sondern Antwort auf etwas, das sich in uns offenbart.

Dieser Raum innerer Führung ist besonders dann wertvoll, wenn äußere Orientierung fehlt. In Momenten von Unsicherheit, innerer Zerrissenheit oder Überforderung kann der innere Beobachter eine ruhige Stimme sein. Eine Stimme, die nicht drängt, nicht urteilt, sondern sanft fragt: Was brauchst du gerade? Was wäre jetzt ein heilsamer nächster Schritt?

Auch in der Arbeit mit Gruppen oder Teams kann dieser Zugang hilfreich sein. Wer mit sich selbst in achtsamer

Verbindung steht, strahlt dies aus. Die eigene Sprache wird ruhiger, klarer, sicherer, nicht im Sinne von Allwissenheit, sondern als Ausdruck innerer Erdung. Diese Qualität kann Räume öffnen, in denen sich auch andere eingeladen fühlen, ihre eigene innere Stimme wahrzunehmen und zum Klingen zu bringen.

Ein vertiefter Dialog mit dem inneren Beobachter kann darüber hinaus helfen, Konflikte auf einer tieferen Ebene zu verstehen. Denn oft sind es nicht die äußeren Situationen, die uns aus der Fassung bringen, sondern die inneren Geschichten, die sie in uns auslösen. Wenn wir bereit sind, diese inneren Narrative zu erkennen, zu hinterfragen und liebevoll zu halten, wird Sprache zu einem Instrument der Selbstheilung und des Friedens.

Nicht zuletzt kann dieser innere Dialog unsere Fähigkeit zur Empathie stärken. Denn wer sich selbst mitfühlend zuhört, wird auch anderen mit größerem Verständnis begegnen. Die Sprache verändert sich dadurch ganz natürlich: Sie wird weicher, langsamer, aufmerksamer. Sie lädt ein statt zu überreden. Sie fragt, statt zu behaupten. Und sie lässt Raum für das, was noch nicht gesagt ist, aber gesagt werden will.

Rituale und symbolische Sprache

Es gibt Momente im Leben, in denen Worte allein nicht genügen. Übergänge, Abschiede, Neuanfänge: Sie verlangen nach mehr als bloßer Information. Sie brauchen Ausdruck, der tiefer reicht, der das Unsichtbare berührt und das Unaussprechliche einlädt. In solchen Zeiten sehnen sich Menschen nicht nur nach Orientierung, sondern auch nach Sinnhaftigkeit. Sprache kann hier zu einer unsichtbaren Hand werden, die begleitet, stützt und Halt gibt, ohne festzuhalten.

Hier entfaltet Sprache eine besondere Kraft, als Ritual, als Symbol, als Brücke zwischen Innenwelt und Außenwelt. Rituale geben Struktur in Zeiten der Wandlung. Sie helfen uns, etwas Altes zu verabschieden und dem Neuen einen würdigen Rahmen zu geben. Sie lassen uns spüren, dass wir nicht allein sind, dass wir eingebettet sind in eine größere Ordnung, in einen symbolischen Zusammenhang. Dabei spielen Worte eine zentrale Rolle. Ob in einer Abschiedsrede, einem Willkommensgruß, einem Segenswunsch oder einem inneren Gebet: Die Sprache wird zum Gefäß, das das Erleben trägt. Sie kleidet das Gefühl in Form, macht das Unsichtbare hörbar und verleiht dem, was innerlich geschieht, einen sicheren Ausdruck.

In der Beratung, in der Begleitung, aber auch im persönlichen Alltag zeigt sich, wie wohltuend es ist, wenn Worte nicht nur benennen, sondern Bedeutung stiften. Rituale geben Sprache einen Raum, der über den Alltag hinausreicht. Sie heben Momente hervor, lassen uns innehalten, markieren Schwellen und öffnen Türen zu innerer Verarbeitung. Wenn ein Mensch zum Beispiel ein belastendes Thema loslassen möchte, kann ein bewusst gestaltetes Sprachritual helfen, diesem Schritt Tiefe und Symbolkraft zu verleihen. Worte werden dabei zu Werkzeugen der inneren Neuordnung. Ein Satz wie „Ich danke dir für das, was du mir gezeigt hast, und lasse dich jetzt in Frieden weiterziehen" kann mehr bewirken als jede Analyse. Er berührt die Seele, weil er nicht nur verstanden, sondern gefühlt wird.

Auch im Alltag lassen sich einfache Rituale mit symbolischer Sprache gestalten. Ein Morgenimpuls mit einem stärkenden Satz, ein bewusstes Abschlusswort am Ende eines Tages, ein innerer Dialog beim Betreten eines Raumes: Solche sprachlichen Rituale müssen nicht groß sein. Ihre Wirkung liegt oft in der Wiederholung, im Rhythmus, im inneren Anker, den sie setzen. Sie schenken dem Alltag Struktur, Tiefe und ein Gefühl von Selbstwirksamkeit. Gerade in Zeiten von Unsicherheit oder emotionaler Belastung können solche kleinen Rituale zu verlässlichen Orientierungspunkten werden.

Symbolische Sprache ist mehrdeutig, offen und tief. Sie spricht in Bildern, sie lädt ein zur Interpretation. Sie bietet Raum für inneres Erleben, ohne es festzulegen. Das macht sie so kraftvoll. Ein Mensch, der sagt: „Ich gehe durch ein inneres Tor", bewegt sich innerlich anders, als wenn er sagt: „Ich muss jetzt einfach weitermachen." Das Bild eröffnet einen Raum. Es erlaubt Gefühl, Bewegung, Entwicklung. Und oft ist es genau diese Beweglichkeit im Innern, die es ermöglicht, mit äußeren Herausforderungen besser umzugehen.

Ein kleines Alltagsritual, wie das bewusste Sprechen eines stärkenden Satzes beim Anziehen, kann zu einer Art innerem Übergangsraum werden. Es hilft, sich auf den Tag einzustimmen, sich innerlich auszurichten. Ebenso kann ein Satz wie „Ich lasse den Tag in Frieden los" als Abendritual helfen, Belastungen loszulassen und in einen erholsamen Schlaf zu finden. Solche Rituale müssen nicht laut sein. Ihre Kraft entfalten sie im Stillen, in der Wiederholung, im aufrichtigen inneren Bezug.

In einer oft überfrachteten Welt, in der der Alltag von Geschwindigkeit und Funktionalität bestimmt ist, erinnern uns diese sprachlichen Miniatur-Zeremonien daran, dass wir mehr sind als unsere Aufgaben. Sie laden uns ein, uns selbst bewusster zu begegnen. Sie eröffnen eine Sprache der Selbstfürsorge, die nicht belehrt, sondern stärkt. Und sie ermöglichen, auch in kleinen Momenten Sinn zu stiften.

Gerade in Lebensübergängen wie der Geburt eines Kindes, dem Verlassen des Elternhauses, dem Beginn eines neuen Jobs, einer Trennung, einer Krankheit oder dem Tod eines geliebten Menschen sehnen sich Menschen nach Bedeutung. In solchen Momenten gerät das bisher Vertraute ins Wanken, Gewissheiten lösen sich auf, und der Blick in die Zukunft ist oft von Unsicherheit begleitet. Hier kann Sprache helfen, den Moment zu würdigen. Sie macht sichtbar, was innerlich geschieht, verleiht dem Chaos eine erste Form und eröffnet einen Raum für innere Orientierung. Worte können wie ein Licht sein, das in der Dunkelheit aufleuchtet, nicht um alles zu erklären, sondern um Nähe zu schaffen.

In diesen sensiblen Phasen ist es nicht die perfekte Formulierung, die zählt, sondern das authentische Bemühen, Verbindung zu schaffen. Sprache wird hier zu einem
seelischen Gefäß, das das Erleben hält, ohne es festzulegen. Sie schenkt Halt, wenn Sicherheiten wanken. Sie
verbindet uns mit etwas Größerem, mit dem, was uns
trägt, sei es eine spirituelle Kraft, ein inneres Wissen
oder die Zugehörigkeit zu einer Gemeinschaft.

Indem wir solche Übergänge sprachlich gestalten, ehren
wir ihre Bedeutung. Wir anerkennen, dass etwas endet
und etwas Neues beginnt. Und wir laden ein, innezuhalten, zu fühlen, zu erinnern und sich innerlich auf das
Kommende einzustimmen. Sprache kann damit auch zu
einem inneren Schwellenraum werden, in dem sich
Wandel vollziehen darf, nicht als Bruch, sondern als
achtsamer Übergang.

Beratende und begleitende Menschen sind oft Zeugen
solcher Übergänge. Wer hier Sprache als Ritual gestaltet, schenkt mehr als Worte. Ein liebevoll formulierter
Abschlusssatz am Ende eines Beratungsprozesses kann
ein inneres Band würdigen. Eine kleine symbolische
Geste, etwa ein Licht, das gemeinsam entzündet wird,
oder ein gemeinsam formulierter Satz kann dem gesprochenen Wort zusätzlichen Ausdruck verleihen. Rituale
sprechen nicht nur mit Worten, sondern auch mit Gesten, mit Blicken, mit der Atmosphäre. Sie sind ganzheit-
lich. Und je bewusster Sprache darin eingesetzt wird,
desto heilsamer kann sie wirken.

Auch Kinder verstehen die Kraft symbolischer Sprache
intuitiv. Sie sprechen mit Kuscheltieren, erfinden kleine

Zeremonien, um Angst zu bannen oder Wünsche zu bekräftigen. Oft genügt ein einfaches Ritual, ein selbst erfundener Spruch oder ein geheimnisvoller Ort unter dem Tisch, um sich sicher zu fühlen. Diese kreative Ausdrucksweise ist nicht nur Spiel, sondern eine tiefe Form von Selbstregulation und innerer Bedeutungsgebung.

Erwachsene können davon lernen. Denn in der Rückbindung an die eigene kindliche Kreativität öffnet sich ein Zugang zu einer Sprache, die spielerisch und gleichzeitig tiefgründig ist. Eine Sprache, die nicht erklären will, sondern einlädt, erlebt zu werden. Sie erlaubt Nähe zu inneren Prozessen, ohne sie analysieren zu müssen. Eine Sprache, die Mut macht, weil sie uns mit unserer inneren Wahrheit verbindet. Diese Verbindung kann heilen, weil sie das anerkennt, was ist, und gleichzeitig Raum gibt für das, was werden darf.

Wenn Erwachsene sich trauen, wieder mit der gleichen Offenheit und Symbolkraft zu sprechen wie Kinder, entstehen neue Räume der Begegnung, mit sich selbst, mit anderen, mit dem Leben. Dann wird Sprache nicht zum Instrument der Kontrolle, sondern zur Brücke zwischen Seelen.

Nicht zuletzt sind auch künstlerische Ausdrucksformen wie Poesie, Liedtexte oder Gebete moderne Rituale. Sie strukturieren das Unsagbare. Sie fangen Gefühle ein, wo rationale Erklärungen versagen. Wer einen geliebten Menschen verloren hat, weiß oft nicht, was zu sagen ist. Doch ein poetischer Text, eine stille Lesung, ein gesprochenes Dankeswort können wie ein Balsam wirken.

Symbolische Sprache spricht zur Seele. Sie heilt, nicht weil sie Probleme löst, sondern weil sie Würde schenkt.

In einer Welt, die oft von Schnelligkeit und Funktionalität geprägt ist, brauchen wir diese Sprache mehr denn je. Eine Sprache, die uns nicht nur informiert, sondern verwandelt. Eine Sprache, die aus der Tiefe kommt. Und eine Sprache, die bereit ist, das Heilige im Alltäglichen zu berühren. Denn genau dort beginnt der Wandel, im gesprochenen Wort, das mehr ist als Laut, und im Ritual, das die Seele erinnert: Du bist gemeint. Du bist verbunden. Du darfst weitergehen.

Sprache und Identität

Sprache ist niemals neutral. Sie ist Ausdruck und zugleich Mitgestalterin unseres inneren Erlebens. In jedem Wort, das wir wählen, in jeder Formulierung, die wir nutzen, schwingt unsere Geschichte mit. Unsere Sprache formt nicht nur unsere Gedanken, sie formt auch unser Selbstbild, unsere Weltwahrnehmung und unsere Haltung zum Leben. Wenn wir über uns sprechen, erschaffen wir gleichzeitig unsere Identität. Sagen wir „Ich bin nicht gut genug", dann bauen wir eine Realität, die uns klein hält. Sagen wir hingegen „Ich wachse an meinen Herausforderungen", dann öffnen wir einen inneren Raum für Entwicklung.

Diese Sprachmuster sind häufig tief verankert. Sie entstehen aus Erfahrungen, aus Prägungen, aus gesellschaftlichen Einflüssen. In ihnen spiegelt sich, wie wir gelernt haben, uns selbst zu sehen. Wer in einer Umgebung aufgewachsen ist, in der vor allem Fehler benannt wurden, wird oft eine Sprache der Abwertung in sich tragen. Solche Sprachmuster schleichen sich nicht nur in den inneren Dialog ein, sondern auch in alltägliche Gespräche und in das, was wir anderen zutrauen oder nicht zutrauen. Es entsteht eine innere Gewissheit, wie ein Echo vergangener Worte, das unser Selbstbild bestätigt, selbst wenn es uns schadet.

Wer hingegen Ermutigung und Vertrauen erfahren durfte, nutzt eher Worte, die verbinden und stärken. Solche Menschen neigen dazu, sich selbst und anderen mit wohlwollender Sprache zu begegnen. Sie beschreiben ihre Schwierigkeiten oft als Herausforderungen und sehen sich selbst als Lernende und nicht als Versagende. Sprache wird damit zu einem Spiegel unserer inneren Landkarte, aber auch zu einem Werkzeug, um diese Landkarte zu gestalten. Denn mit jedem neuen Satz, den wir über uns selbst sagen, verfestigen oder verändern wir unseren inneren Bezugsrahmen. So wird Sprache nicht nur zur Spiegelung, sondern zur schöpferischen Kraft für das eigene Selbstverständnis.

Doch dieser Spiegel ist nicht starr. Sprache kann sich verändern, und mit ihr unsere Identität. Wenn wir beginnen, neue Worte zu wählen, verändern wir unseren inneren Dialog. Wenn wir zum Beispiel statt „Ich darf das nicht" sagen „Ich entscheide mich bewusst dafür, diesen Weg nicht zu gehen", verschieben wir unsere Selbstwahrnehmung vom Opfer zum Gestaltenden. Sprache kann aus einem Gefühl der Ohnmacht ein Gefühl von Handlungsspielraum machen. Sie ist ein machtvolles Werkzeug zur Selbstvergewisserung und Neuausrichtung.

In der Beratung ist dies ein zentrales Feld. Die Art, wie Menschen über sich selbst sprechen, gibt Einblick in ihre inneren Überzeugungen. Hören wir Sätze wie „Ich schaffe das nie" oder „Ich bin eben so", erkennen wir die sprachlichen Begrenzungen, die das Selbstbild stabilisieren, auch wenn es leidvoll ist. Hier kann es hilfreich sein, neue sprachliche Angebote zu machen. Nicht um zu korrigieren, sondern um Möglichkeiten zu eröffnen. Ein Satz wie „Es gibt Anteile in mir, die zweifeln, und andere, die Mut entwickeln" kann mehr Weite schaffen als eine bloße Umdeutung.

Sprache ermöglicht uns, Rollen zu erforschen und zu verändern. Ein Mensch, der sich lange als Opfer erlebt hat, kann durch neue Sprache schrittweise in die Rolle des Gestaltenden hineinwachsen. Das braucht Zeit, Wiederholung und Begleitung. Dabei geht es nicht nur um das Erlernen neuer Begriffe, sondern um eine tiefergehende innere Umstrukturierung. Sprache wird zu einem Erfahrungsfeld, in dem neue Identitätsanteile Gestalt annehmen können. Worte wie „Ich kann" oder „Ich darf" öffnen Räume, in denen sich neue Möglichkeiten zeigen, und sie verankern diese Erfahrungen im Selbstbild.

Doch es beginnt mit einem Wort, einem Satz, der etwas Neues erlaubt. Die Sprache der Identität ist wie ein innerer Garten. Was wir säen, wird wachsen. Wenn wir beginnen, mit Mitgefühl über uns zu sprechen, wachsen Verständnis und Selbstannahme. Dann verwandeln sich innere Widerstände in neugierige Fragen: Wer könnte ich sein, wenn ich mir erlaube, neu zu denken und zu sprechen? Sprache wird damit zu einem Raum der inneren Versöhnung. Wenn wir uns selbst zuhören, können wir erkennen, ob unsere Worte uns nähren oder schwächen. Wir lernen, sprachlich Verantwortung für unser Erleben zu übernehmen und uns gleichzeitig selbst zu ermutigen, in eine neue Rolle hineinzuwachsen.

Auch kulturelle und gesellschaftliche Identitäten werden sprachlich geprägt. Die Worte, mit denen Gruppen beschrieben werden, wirken mit an Zugehörigkeit oder Ausgrenzung. Wer sich sprachlich nicht repräsentiert fühlt, erlebt häufig Unsichtbarkeit. Deshalb ist eine inklusive Sprache nicht nur politisch, sondern auch psychologisch relevant. Sie ermöglicht Identifikation,

Würde und Teilhabe. Menschen brauchen Worte, in denen sie sich wiederfinden.

Dabei geht es nicht nur um große politische oder gesellschaftliche Fragen, sondern auch um alltägliche Situationen. Schon die Art, wie wir in Familie, Schule oder Beruf angesprochen werden, hinterlässt Spuren in unserem Selbstverständnis. Werden wir gesehen, gehört, gewürdigt oder reduziert, übergangen, sprachlich klein gemacht? Sprache ist das Medium, durch das wir uns im sozialen Gefüge verorten. Und diese Verortung kann befreien oder binden.

In Gesprächen mit Vorgesetzten, im Kontakt mit Lehrpersonen oder in familiären Dialogen wiederholen sich oft sprachliche Muster, die über Jahre hinweg bestimmte Rollen festigen. Ein Kind, das regelmäßig hört, es sei zu laut oder zu empfindlich, trägt diese Zuschreibungen oft bis ins Erwachsenenalter mit sich. Ein Mitarbeiter, dessen Beiträge über Jahre hinweg übergangen oder abgewertet werden, beginnt irgendwann, sich selbst nicht mehr als kompetent zu empfinden. Und umgekehrt: Menschen, die sprachlich ermutigt, einbezogen und auf Augenhöhe adressiert werden, entwickeln ein starkes, positives Selbstbild.

Sprache ist hier nicht bloß Mittel zur Verständigung, sondern ein machtvolles Werkzeug der Beziehungsgestaltung. Sie bestimmt, ob Menschen sich als wertvoll, fähig und zugehörig erleben oder als mangelhaft, unerwünscht und unbedeutend. In diesem Sinne ist jede sprachliche Begegnung auch eine identitätsstiftende Erfahrung. Wer sich dieser Wirkung bewusst ist, kann in alltäglichen Kontexten wesentlich dazu beitragen, dass sich andere Menschen in ihrer Würde und Kraft gesehen fühlen.

Insbesondere in sensiblen Lebensphasen, in Umbrüchen oder in der Persönlichkeitsentwicklung wird deutlich, wie stark Sprache das Bild prägt, das wir von uns selbst haben. Ein Mensch, der mit sich spricht wie mit einem guten Freund, entwickelt mehr Selbstmitgefühl und Stabilität als jemand, der sich ständig kritisiert oder abwertet. Das innere Gespräch wird zur Quelle psychischer Resilienz oder zur Quelle chronischer Selbstzweifel.

Veränderung beginnt mit Bewusstheit. Wenn wir beginnen, unsere eigenen Sprachmuster zu beobachten, entdecken wir oft tief verwurzelte Überzeugungen. Sätze wie „Ich darf mir nichts erlauben" oder „Ich muss stark sein" wirken nicht nur wie Glaubenssätze, sie gestalten auch unser Erleben. Wer diese inneren Dialoge bewusst macht und Schritt für Schritt in eine neue Sprache überführt, verändert seine Lebensqualität nachhaltig.

In diesem Prozess ist es hilfreich, sich mit anderen Menschen auszutauschen. Die Sprache des Gegenübers kann wie ein Spiegel wirken und neue Perspektiven eröffnen. Auch das Lesen inspirierender Texte, das Lauschen berührender Worte oder das Schreiben eigener Gedanken kann transformierend wirken. Identität entsteht im Dialog mit anderen, mit der Welt und mit sich selbst.

Die bewusste Gestaltung von Sprache ist somit ein Akt der Selbstermächtigung. Es geht nicht darum, schön zu reden, sondern ehrlich, klar und achtsam Worte zu wählen, die stärken. Wer sich dessen bewusst wird, kann beginnen, sich selbst und anderen eine neue Wirklichkeit anzubieten. Denn jede Identität ist im Wandel, und Sprache ist das Werkzeug, mit dem wir diesen Wandel begleiten können.

In der Tiefe bedeutet das: Wer seine Sprache verändert, verändert sein Leben. Vielleicht nicht über Nacht, aber Schritt für Schritt. Indem wir unsere Worte bewusster wählen, gestalten wir unsere inneren Räume neu. Wir schreiben eine andere Geschichte über uns selbst. Und diese Geschichte hat die Kraft, Wirklichkeit zu werden.

Sprachpflege im Alltag

Die bewusste Gestaltung unserer Sprache beginnt nicht mit einem Buch oder einem Kurs, sondern im Alltag. In jenen kleinen, oft unbeachteten Momenten, in denen wir denken, sprechen, reagieren, erzählen oder zuhören. Wer seine Sprache pflegen möchte, darf dort ansetzen, wo das Leben stattfindet: im Gespräch mit dem Nachbarn, im kurzen Austausch mit einer Kollegin, im inneren Monolog auf dem Weg zur Arbeit. Es braucht keine großen Umwälzungen, sondern eine stille, konsequente Aufmerksamkeit für das, was wir sagen, und für das, was wir dadurch in die Welt bringen.

Sprache ist wie ein Garten. Wenn wir achtsam mit ihr umgehen, wächst etwas Heilsames. Wenn wir nachlässig sind, schleichen sich Dornen und Unkraut ein. Sprachpflege bedeutet, sich Zeit zu nehmen, den Klang der eigenen Worte zu hören. Es bedeutet, zwischen den Zeilen zu lauschen, nachzuspüren, ob das Gesagte wirklich gemeint ist. Ob es aufbaut oder verletzt. Ob es Verbindung schafft oder trennt. Diese Achtsamkeit verändert den Alltag nicht nur äußerlich, sondern auch innerlich. Denn wie wir sprechen, beeinflusst, wie wir denken, und umgekehrt. Gedanken erschaffen Worte, und Worte formen wiederum Gedanken. Dieser Kreislauf prägt unsere emotionale Welt und unser Handeln.

Ein erster Schritt zur Sprachpflege im Alltag kann darin bestehen, auf bestimmte Formulierungen zu verzichten, die abwerten oder verengen. Sätze wie „Das ist doch wieder typisch" oder „Ich bin halt so" wirken wie innere Schranken. Stattdessen können wir üben, offener, weicher und zugleich klarer zu formulieren. Zum Beispiel: „Ich merke, dass mich das gerade herausfordert" oder „Ich bin bereit, das anders zu betrachten". Solche Sätze eröffnen Spielräume für Entwicklung, für Begegnung, für ein neues Selbstverständnis.

Darüber hinaus lohnt es sich, die Sprache des eigenen Körpers in die Sprachpflege zu integrieren. Denn Worte wirken nicht isoliert, sondern immer im Zusammenspiel mit Tonfall, Gestik, Mimik und Haltung. Wer eine liebevolle Sprache sprechen will, darf auch lernen, sie mit dem Körper zu begleiten. Ein sanfter Blick, ein achtsames Nicken, eine offene Körperhaltung können das gesprochene Wort verstärken und die Botschaft im Gegenüber tief verankern. Auch hier gilt: Achtsamkeit ist der Schlüssel.

Auch der bewusste Umgang mit Pausen ist Teil der Sprachpflege. Wer sich erlaubt, vor dem Sprechen kurz innezuhalten, findet eher Worte, die tragen. Ein tiefer Atemzug kann reichen, um nicht automatisch zu reagieren, sondern bewusst zu antworten. Diese Pause schafft Raum für Achtsamkeit. Für Beziehung. Für Verantwortung. Sie macht Sprache zu etwas, das nicht nur kommuniziert, sondern gestaltet. In dieser Gestaltung liegt die Kraft, neue Erfahrungsräume zu öffnen, für sich selbst und für andere.

Im Alltag kann es hilfreich sein, kleine Rituale einzuführen, um die eigene Sprache zu kultivieren. Eine tägliche Reflexion, zum Beispiel abends: Welche Worte haben mich heute geprägt? Welche hätte ich lieber anders gewählt? Oder ein sprachlicher Morgenimpuls: Mit welchem Satz möchte ich in den Tag gehen? Solche Miniübungen wirken, nicht durch Kontrolle, sondern durch liebevolle Aufmerksamkeit. Ein Satz wie „Ich darf heute freundlich zu mir sein" kann mehr bewirken als viele Ratgeberseiten. Es geht um den Moment der bewussten Hinwendung zur eigenen inneren Welt.

Auch das Lesen und Hören inspirierender Sprache fördert die eigene Sprachpflege. Wer sich mit Texten umgibt, die Herz und Verstand ansprechen, beginnt nach und nach, diese Qualität auch in der eigenen Sprache zu entdecken. Poesie, achtsame Ratgeberliteratur, kraftvolle Zitate - sie alle können uns nähren und erinnern. Sprache ist ein Resonanzraum. Was wir in ihn hineingeben, kommt vielfach zurück. Diese Rückkopplung wirkt oft subtil, aber beständig. Sie formt unser Weltbild, unsere Haltung und unsere Handlungsspielräume.

Ein weiterer Aspekt der Sprachpflege ist das bewusste Hinhören. Wie sprechen andere Menschen? Welche Sprache berührt uns, und warum? Welche Worte lassen uns aufhorchen oder verletzen uns? Wenn wir lernen, mit offenem Herzen zuzuhören, entwickeln wir ein feines Gespür für die Qualität von Sprache. Dieses Gespür hilft uns, achtsamer mit uns selbst und anderen zu sprechen. Zuhören wird so zu einem Akt der Sprachpflege. Und manchmal ist es das Zuhören selbst, das bereits eine heilsame Antwort darstellt, ganz ohne ein gesprochenes Wort.

Sprachpflege bedeutet auch, sich selbst zu erlauben, Fehler zu machen. Perfektion ist nicht das Ziel. Vielmehr geht es um ein aufrichtiges Bemühen, wach zu bleiben für die Kraft der Worte. Wer sich erlaubt, zu lernen, zu korrigieren und liebevoll mit den eigenen sprachlichen Stolpersteinen umzugehen, entwickelt nach und nach eine neue Sprechhaltung, eine, die aus dem Herzen kommt. Es geht um Entwicklung, nicht um Fehlervermeidung. Um Hinwendung, nicht um Abgrenzung. Um Verbindung, nicht um Bewertung.

Für Menschen in beratenden, heilenden oder lehrenden Berufen ist die alltägliche Sprachpflege besonders bedeutsam. Denn ihre Sprache hat Wirkung. Sie kann verletzen oder ermutigen, verengen oder öffnen. Deshalb lohnt es sich, regelmäßig innezuhalten und sich zu fragen: Wähle ich meine Worte bewusst? Dienen sie dem Menschen, der mir gegenübersteht? Spiegeln sie die Haltung, die ich leben möchte? Wer diesen Fragen Raum gibt, kultiviert eine Sprache, die berührt und in Erinnerung bleibt.

Auch in Konflikten zeigt sich, wie gepflegt unsere Sprache ist. Wer in aufgeregten Situationen bei sich bleibt, klare und zugleich verbindliche Worte findet, schafft Brücken statt Mauern. Das gelingt nicht immer, aber immer wieder. Sprachpflege im Alltag ist eine lebenslange Übung. Sie braucht Geduld, Humor und ein gutes Maß an Selbstmitgefühl. Sie braucht aber auch die Bereitschaft, sich selbst immer wieder neu zu begegnen, sich infrage zu stellen und sich sprachlich weiterzuentwickeln.

Zum Schluss einige praktische Miniübungen:

1. Höre dich selbst bewusst sprechen. Achte eine Stunde lang darauf, welche Worte du wählst. Ohne Bewertung, nur beobachtend.

2. Ersetze ein Wort, das dich schwächt, durch ein Wort, das dich stärkt. Zum Beispiel: Statt „Ich muss" sage „Ich entscheide mich".

3. Schreibe jeden Abend einen Satz auf, der dir heute gutgetan hat. Und einen, den du beim nächsten Mal anders formulieren möchtest.

4. Übe jeden Tag eine bewusste Pause vor dem Sprechen. Nimm dir einen Atemzug Zeit, bevor du antwortest.

5. Wähle ein kraftvolles Wort für die Woche. Zum Beispiel: Klarheit, Vertrauen, Geduld, und achte darauf, wie es deinen Ausdruck beeinflusst.

6. Lies einen kurzen Text mit achtsamer Sprache und achte darauf, welche Worte dich besonders ansprechen. Notiere sie.

7. Übe, täglich einem Menschen bewusst ein wertschätzendes Wort zu schenken: ehrlich, klar und ohne Erwartung.

Diese kleinen Schritte haben eine große Wirkung. Sie verändern unsere Sprache, unsere Beziehungen und unser inneres Erleben. Denn Sprache ist mehr als ein Werkzeug. Sie ist Ausdruck dessen, wer wir sind, und wer wir werden möchten. Und je bewusster wir diesen Ausdruck gestalten, desto klarer wird das Bild, das wir von uns selbst in die Welt tragen - ein Bild, das heilen, verbinden und inspirieren kann.

Einladung zu einem sprachbewussteren Leben

Manchmal beginnt Veränderung mit einem einzigen Wort. Einem Wort, das berührt, aufrüttelt oder tröstet. Einem Wort, das den Raum weitet und zeigt, dass noch mehr möglich ist. Dieses Buch ist eine Einladung, der eigenen Sprache mit neuer Aufmerksamkeit zu begegnen. Es ist ein Angebot, nicht nur über Sprache zu reflektieren, sondern sie bewusst zu gestalten, als Quelle von Verbindung, Orientierung und Wandlung.

Ein sprachbewusstes Leben ist kein Ziel, das man erreicht und dann abhakt. Es ist ein Weg. Ein stiller Lernweg, der mit jedem gesprochenen Satz weitergeht. Und er beginnt dort, wo du gerade bist. In deinen alltäglichen Gesprächen. In deiner inneren Stimme. In dem, was du denkst, fühlst und ausdrückst. Wenn du beginnst, Worte wie Samen zu betrachten, erkennst du, dass sie Früchte tragen. Früchte, die andere nähren. Und dich selbst.

Sprache ist niemals neutral. Sie trägt immer Bedeutung, schwingt mit Erinnerungen, deutet Richtung an. Wer sprachbewusst lebt, weiß um diese Kraft und setzt sie sorgsam ein. Nicht um perfekt zu sein, sondern um wahrhaftig zu sein. Um präsent zu sein. Um das eigene Menschsein mit anderen zu teilen, verletzlich, offen und aufrichtig.

Vielleicht hat dich dieses Buch an manchen Stellen berührt. Vielleicht hast du Sätze gefunden, die du wiedererkennen oder weiterdenken willst. Vielleicht ist da ein leiser Impuls, in Zukunft anders zu sprechen. Wenn das so ist, dann ist etwas in Bewegung gekommen. Und das ist gut so. Denn jeder bewusste Umgang mit Sprache ist ein Beitrag zu einer Kultur des Miteinanders. Einer Kultur, in der Menschen sich in ihren Worten begegnen und in ihrer Würde anerkennen.

Du brauchst keine komplizierten Methoden, um sprachbewusster zu leben. Du brauchst nur ein waches Herz, ein offenes Ohr und die Bereitschaft, dich immer wieder neu zu hören. Du darfst Fehler machen. Du darfst suchen und stolpern. Wichtig ist nur, dass du dich immer wieder erinnerst: Deine Worte haben Macht. Und du hast die Wahl, wie du sie nutzt.

Wenn du mit Kindern sprichst, mit Partner:innen, mit Kolleg:innen oder mit dir selbst, dann erinnere dich an die Möglichkeit, zu heilen statt zu verletzen, zu verbinden statt zu spalten, zu ermutigen statt zu entmutigen. Worte sind Brücken. Worte sind Türen. Worte sind Begleiter auf dem Weg.

Vielleicht magst du dir einen Satz aus diesem Buch mitnehmen, der dich weiter begleitet. Vielleicht entsteht aus einem Gedanken eine tägliche Praxis. Vielleicht wirst du selbst zur Quelle heilsamer Sprache für andere. Dann wird aus dieser Einladung eine Bewegung. Eine Bewegung, die leise beginnt und weit wirkt.

Mögest du deine Worte mit Achtsamkeit wählen. Mögest du dir selbst und anderen mit Sprache begegnen, die nährt, öffnet und trägt. Möge dein sprachbewusstes Leben zu einem leuchtenden Zeichen werden. Für dich. Für dein Gegenüber. Für eine Welt, in der Sprache wieder heilsam sein darf.